발음부터 회화를 입에 착! HSK 시험까지 한 번에 착!

착! 붙는
중국어
독학 첫걸음

저 허은진 · 츠징위

시사중국어사

착! 붙는
중국어
독학 첫걸음

초판발행	2015년 10월 15일
1판 30쇄	2023년 11월 20일
개정판 4쇄	2024년 9월 20일

저자	허은진, 츠징위
편집	연윤영, 최미진, 高霞
펴낸이	엄태상
디자인	권진희, 진지화
일러스트	표지: eteecy, 내지: 김숙희, 지창훈, 어필
조판	이서영
콘텐츠 제작	김선웅, 장형진
마케팅본부	이승욱, 왕성석, 노원준, 조성민, 이선민
경영기획	조성근, 최성훈, 김다미, 최수진, 오희연
물류	정종진, 윤덕현, 신승진, 구윤주

펴낸곳	시사중국어사(시사북스)
주소	서울시 종로구 자하문로 300 시사빌딩
주문 및 문의	1588-1582
팩스	0502-989-9592
홈페이지	http://www.sisabooks.com
이메일	book_chinese@sisadream.com
등록일자	1988년 2월 12일
등록번호	제300 - 2014 - 89호

ISBN 979-11-5720-252-2 13720

머리말

***

한 나라의 언어를 배우는 것은 비단 언어뿐만 아니라 그 나라의 역사와 문화 및 사상까지 엿볼 수 있는 출발이라 생각합니다. 그 출발의 첫걸음이 언어를 '배움'이라 생각합니다.

배움의 출발은 '흥미'라고 생각합니다. "发愤忘食，乐以忘忧，不知老之将至也云尔。"라는 공자의 말은 "배움을 계속 할 때 인생은 흥미로움으로 가득 차고 생을 마감하는 순간까지 설렌다."는 뜻입니다. 저는 이 책을 통해 여러분들이 중국어 자체에 흥미를 가지고 지속적으로 배울 수 있는 출발점이 되기를 바라봅니다.

언젠가부터 외국어 교육은 '말하기'를 강조해왔습니다. 처음에는 단순한 의사 소통과 언어 습득에 목적을 두고 반복적으로 학습하지만, 언어 학습의 목적인 커뮤니케이션 기능의 온전한 수행을 위하여 이제는 단순 '이해'에서 더 나아가 이해를 바탕으로 한 '표현', 즉 말하기에 대한 교육과 훈련이 함께 이루어져야 할 것입니다.

본 교재는 기초적인 대화 형태의 문장들 속에 숨어있는 어순을 다양한 형태의 교체 연습을 통해 중국어 구사 능력의 확대를 가져올 수 있도록 하였습니다. 한 문장을 암기하고 끝나는 것이 아니라 단어만 바꿔도 다양한 의미를 전달할 수 있도록 연습하는 방법입니다. 또, 삽화를 통해 자유로운 연상 학습이 이루어질 수 있도록 하였으며, 듣기 훈련과 연습 문제를 통해 청취와 표현 능력을 향상할 수 있도록 구성해 보았습니다.

'중국어가 어렵다'는 생각이 '어? 중국어가 되긴 된다'는 생각으로 바뀔 수 있기를 바라며, 또한 이제는 선택이 아닌 필수가 되어버린 중국어를 배우고자 하는 여러분에게 즐거운 학습 도구로 본 교재가 쓰여지기를 간절히 바라며 이 책을 씁니다.

저자 허은진 · 초징위

목차

* 4주 완성 학습 PLAN

주	DAY	단원명	회화 포인트	어법 포인트	체크
1주	1	발음1		성조, 단운모, 성모	
	2	발음2		복운모, 비운모, 권설운모, 결합운모	
	3	발음3		발음 표기법 및 성조 변화	
	4	**UNIT 01** 인사할 때는?	· 안녕! · 잘 가!	인칭대사 인사 변화 형식 여러 가지 시간 표현	
	5	**UNIT 02** 배고플 때는?	· 너는 지금 배고프니? · 식당이 멀어?	형용사술어문 정반의문문 정도부사 很 / 不太	
	6	**UNIT 03** 누구인지 궁금할 때는?	· 그는 네 남자 친구야? · 얘는 누구야?	판단동사 是 지시대사 这 / 那 의문대사 谁	
	7		복습1		
2주	8	**UNIT 04** 자기소개할 때는?	· 너는 이름이 뭐야? · 너는 어느 나라 사람이야?	이름 묻기 의문대사 什么 / 哪	
	9	**UNIT 05** 좋아하는 것을 물어볼 때는?	· 너는 뭐 하는 거 좋아해? · 너는 커피 마시는 거 좋아해?	동사술어문 부사 只	
	10	**UNIT 06** 물건이 있는지 물어볼 때는?	· 너는 스마트폰이 있어? · 네 스마트폰은 어때?	있다 有 의문대사 怎么样 구조조사 的	
	11	**UNIT 07** 가족을 물어볼 때는?	· 너는 언니가 있어? · 너희 집은 몇 식구야?	숫자 0~10까지와 양사 의문대사 几	
	12	**UNIT 08** 나이를 물어볼 때는?	· 너는 올해 몇 살이니? · 너는 무슨 띠니?	의문부사 多 띠 배우기	
	13	**UNIT 09** 시간을 물어볼 때는?	· 지금 5시야? · 너는 몇 시에 퇴근해?	명사술어문 시간 관련 용어	
	14		복습2		

주	DAY	단원명	회화 포인트	어법 포인트	체크
3주	15	**UNIT 10** 날짜를 물어볼 때는?	• 오늘이 몇 월 며칠이야? • 그럼 네 생일이 토요일이야?	명사술어문 부정형 요일 관련 용어	
	16	**UNIT 11** 장소를 물어볼 때는?	• 너는 내일 서단에 가려고 하니? • 그럼 우리 어디에서 만날까?	조동사 要 전치사 在 의문대사 哪儿	
	17	**UNIT 12** 물건을 살 때는?	• 이 옷은 얼마예요? • 300위안에 팔 수 있어요?	의문대사 多少 조동사 能 화폐 단위	
	18	**UNIT 13** 날씨를 물어볼 때는?	• 지금 밖에 추워? • 너는 왜 우산을 챙겨?	정도부사 有点儿 의문대사 为什么 진행형 正在	
	19	**UNIT 14** 길을 물어볼 때는?	• 실례지만, 병원이 여기서 먼가요? • 정류장은 어떻게 가요?	전치사 离 / 往 연동문(连动词) 의문대사 怎么	
	20	**UNIT 15** 전화를 걸 때는?	• 여보세요, 당신의 남편은 집에 있나요? • 그는 언제 집에 돌아와요?	동사 在 전치사 给 의문대사 什么时候	
	21	복습3			
4주	22	**UNIT 16** 기간을 물어볼 때는?	• 너는 운전할 줄 알아? • 너는 얼마나 배웠어?	조동사 会 시량보어(时量补语) 동태조사 了	
	23	**UNIT 17** 약속에 갈 때는?	• 너는 그녀와 약속했어? • 너는 왜 운전해서 안 가고?	어기조사 了 결과보어(结果补语)	
	24	**UNIT 18** 경험을 물어볼 때는?	• 너는 연애해 본 적이 있어? • 너는 여자 친구를 찾고(사귀고) 싶어?	동태조사 过 조동사 想	
	25	**UNIT 19** 이성을 만날 때는?	• 그녀는 정말 예쁘게 생겼다! • 너 멋지게 차려입었다. 데이트가 있어?	정도보어(程度补语) 동량보어(动量补语)	
	26	**UNIT 20** 몸이 아플 때는?	• 여보세요, 우리 같이 놀자! • 내가 너한테 감기약을 가지고 갈게.	방향보어(方向补语) 정도부사 太…了	
	27	**UNIT 21** 자랑할 때는?	• 너는 시험 본 거 어때? • 넌 언제나 다른 사람보다 (시험을) 잘 봐.	비교급 (+ 정도보어) 嘛의 용법	
	28	복습4			

✳ 이 책의 활용법

▸ 배경 그림
실제 중국 풍경에 가깝게 그린 배경
으로 본문 내용의 이해를 돕습니다.

▸ Unit 소개
각 Unit의 핵심 주제와 핵심 어법
에 대하여 간단히 소개하고 있습니
다. QR코드를 스캔하여 영상 강의
와 원어민 음원을 바로 확인할 수
있습니다.

▸ 회화의 토대는 어법
주제 대화 문장과 간결한 어법 해설로 이해가 쏙쏙!
QR코드를 스캔하여 팟캐스트 강의를 바로 확인할
수 있습니다.

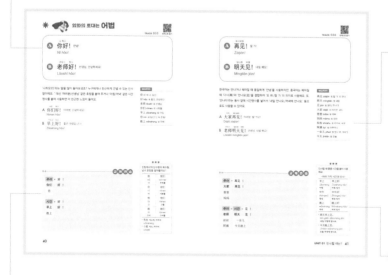

▸ Words
본문 단어부터 교체 연습의
단어까지 한 번에 학습할 수
있습니다.

▸ 어법 TIP
교체 연습까지 쉽게 따라오셨다면
알면 알수록 더 알고 싶고, 배우면
배울수록 재미있는 어법 TIP으로
레벨업!

▸ 교체 연습
위에서 배운 문형을 응용해서 단어를 바꿔가며
다양한 문장을 쉽고 재미있게 배워볼 수 있습니다.

본문을 듣고 따라 읽을 수 있는
버전을 따로 준비했어요.

▶ 회화를 내 것으로!
앞에서 배운 문형을 다시
한 번 되짚어보고, 다양
한 연습을 통해서 본문을
완벽한 자기 것으로 만드
는 코너입니다!

▶ 중국 문화 엿보기
중국 문화 엿보기 부분
을 통해 다양하고 흥미
로운 중국 문화를 알 수
있습니다.

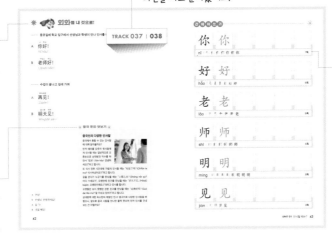

▶ 간체자 쓰기
간체자 쓰기를 통해
각 과에서 학습한 단
어 중 보다 중요하고,
틀리기 쉬운 한자를
정확하게 익힐 수 있
습니다.

▶ 그림보며 말하기
그림을 보고 그날 배운
본문의 내용을 참고해 대
화를 완성한 후 읽어 보
며 복습하는 코너입니다.

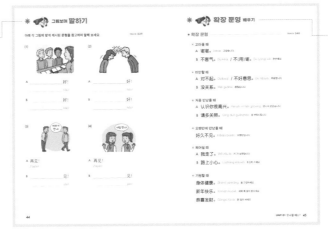

▶ 심화 단어·확장 문형
앞의 내용을 배우며 탄
탄히 다져진 기초 위에
심화 단어와 확장 문형
으로 실력을 한 단계 더
향상시킬 수 있습니다.

▶ 연습은 실전같이!
듣기, 읽기, 쓰기 다양한
영역의 연습 문제로 앞에
서 공부했던 것들을 가지
고 자신의 현재 실력과
부족한 부분을 파악하며
정리할 수 있습니다.

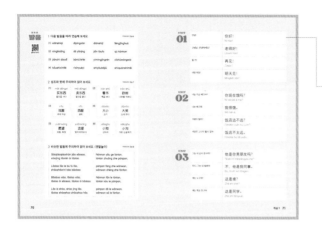

복습
6일동안 공부한 내용을 복습해 보는 시간! 본인의 실력을 확인해 볼 수 있습니다.

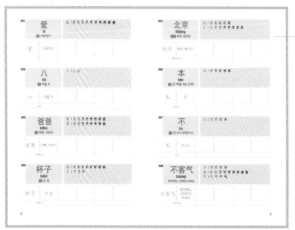

간체자 쓰기
HSK 1급 필수 어휘 150개를 획순에 맞게 쓰는 연습을 하며 HSK 1급 어휘까지 마스터!

● 챌린지 북 – 첫걸음 떼고 Jump Up!

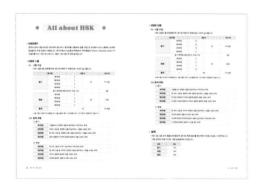

challenge 1 HSK 1급·2급 미니 모의고사
본문 학습을 마친 후, HSK 모의고사에 도전해 보세요. 1·2급 문제풀이를 통해 실력을 점검하고, 성취감과 자신감을 모두 Up! 하세요.

challenge 2 스토리 읽기
본문의 표현을 복습하고, 새로운 단어와 문형으로 확장하여 학습할 수 있습니다. 10개 에피소드를 완독하여 긴 글 읽기와 친숙해지세요.

▶ 동영상 강의

스마트폰, PC에서도 언제 어디서든 동영상 강의를 편리하게 시청할 수 있습니다.
아래의 방법을 따라 검색해 보세요!

▶ 단어 암기 동영상

원어민 발음을 들으며 단어를 효과적으로 암기할 수 있는 순간 암기 영상!
아래의 방법을 따라 검색해 보세요!

● 학습 자료 검색 이용 방법

① 동영상 강의

♪ 시사중국어사 홈페이지에서 시청

www.sisabooks.com에서 착붙는 중국어를 검색한 다음 도서 정보 하단의 동영상 코너에서 재생하면 유튜브로 연결되어 바로 시청할 수 있습니다.

♪ 유튜브에서 시청

유튜브에서 착 붙는 중국어 독학 첫걸음 개정판을 검색하여 동영상을 볼 수 있습니다.

② 팟캐스트

팟빵 팟캐스트에서 시사중국어사 또는 착중독을 검색하여 들을 수 있습니다.

③ 단어 암기 영상

유튜브에서 착붙는 중국어 단어 암기를 검색하여 영상 자료를 볼 수 있습니다.

④ EBS 반디 외국어

반디 앱 혹은 EBS 홈페이지에 접속하여 외국어 라디오에서 방송 다시 듣기를 유료로 이용할 수 있습니다.

＊ 품사 약호표

약호	한국어	중국어	발음
명	명사	名词	míngcí
고유	고유명사	专有名词	zhuānyǒumíngcí
대	대(명)사 인칭대(명)사 지시대(명)사 의문대(명)사	代词 人称代词 指示代词 疑问代词	dàicí rénchēng dàicí zhǐshì dàicí yíwèn dàicí
동	동사	动词	dòngcí
조동	조동사 (능원동사)	助动词 (能愿动词)	zhùdòngcí (néngyuàn dòngcí)
형	형용사	形容词	xíngróngcí
수	수사	数词	shùcí
양	양사 명량사 동량사	量词 名量词 动量词	liàngcí míngliàngcí dòngliàngcí
부	부사	副词	fùcí
전	전치사(개사)	介词	jiècí
접	접속사	连词	liáncí
조	조사 동태조사 구조조사 어기조사	助词 动态助词 结构助词 语气助词	zhùcí dòngtài zhùcí jiégòu zhùcí yǔqì zhùcí
감탄	감탄사	叹词	tàncí
의성	의성사	象声词	xiàngshēngcí

발음

발음 1. 성조 / 단운모 / 성모

발음 2. 복운모 / 비운모 / 권설운모 / 결합운모

발음 3. 발음 표기법 및 성조 변화

영상 강의

원어민 MP3

✱ 한어(汉语)

중국 사람들이 쓰는 말을 '중국어'라고 하는데요. 그럼 한어(汉语)는 무엇일까요? 중국의 절대 다수를 차지하는 민족인 한족(汉族)이 사용하는 언어라서 '한어(汉语)'라고 해요. 또 북경 발음과 북방 방언을 중심으로 표준어를 제정하여 이를 '보통화(普通话)'라고 해요. 현재 대만, 홍콩 등에서 사용하는 한자는 번체자고, 중국, 싱가포르, 말레이시아 등에서는 획수를 좀 더 간소화시킨 간체자를 사용해요.

번체자(繁体字)	간체자(简体字)
習 / 開 / 韓	习 / 开 / 韩
學 / 門 / 語	学 / 门 / 语

✱ 한어병음(汉语拼音) 성모(声母)/운모(韵母)/성조(声调)

우리말이나 영어는 글자가 소리를 나타내는 표음문자를 사용하고, 중국어의 한자(汉字)는 뜻을 나타내는 표의문자를 사용해요. 그래서 한자(汉字)는 어떻게 읽는지는 몰라도 대략 무엇과 관계된 글자인지는 알 수 있어요.

食(밥)은 다른 한자와 결합될 때 饣로 쓰입니다. 따라서 饭/饥/饱/馆/饼/饲… 등과 같은 한자들은 어떻게 읽는지는 모르지만 모두 먹는 것과 관계가 있다는 것을 알 수 있어요.

한자를 읽기 위해 로마자로 표기한 발음 기호를 '한어병음(汉语拼音)'이라고 해요. 한어병음으로 표시된 음절에서 첫소리를 '성모'라고 하고, 그 나머지를 '운모'라고 하며, 높낮이를 '성조'라고 해요.

성조(声调)

TRACK 000

음절의 높낮이를 말하며, 4가지 성조가 있어요. 한번 배워 볼까요?

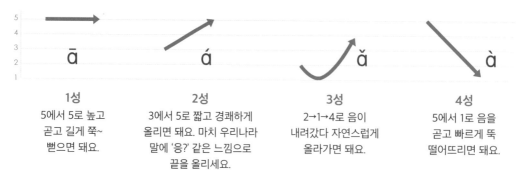

1성	2성	3성	4성
5에서 5로 높고 곧고 길게 쭉~ 뻗으면 돼요.	3에서 5로 짧고 경쾌하게 올리면 돼요. 마치 우리나라 말에 '응?' 같은 느낌으로 끝을 올리세요.	2→1→4로 음이 내려갔다 자연스럽게 올라가면 돼요.	5에서 1로 음을 곧고 빠르게 뚝 떨어뜨리면 돼요.

운모(韵母)

TRACK 001

한어병음은 성모(声母)와 운모(韵母)로 이루어져 있어요. 음절에서 첫소리를 제외한 나머지 부분, 즉 '딴'에서 'ㄸ'을 제외한 '안'을 '운모'라고 하는데, 운모는 단독으로도 쓰일 수 있어요. 그중에서도 가장 기본이 되는 운모 6가지를 살펴볼까요?

● 기본 운모(6가지)

a 아

혀를 낮춰 입을 크게 하고 '아~'라고 발음해요.

o 오~어

우리말 '오'로 시작하다 입술의 긴장을 풀어 '어'로 끝내요.

e 으~어

어금니를 물지 않고 '으'로 시작하다 자연스럽게 턱을 아래쪽으로 당겨 '어'로 마쳐요.

i 이

입가에 힘을 줘 양 끝으로 벌려 '이'라고 발음해요.

u 우

입술을 둥글게 하여 '우'라고 발음해요.

ü 위

'u'음을 내는 입 모양으로 우리말 '위'를 발음해요. 이때 절대로 입술 모양이 변하지 않아요.

성모(声母)

그럼 이제 성모를 살펴볼까요? 음절의 첫소리를 '성모'라고 해요. 총 21개이며, 운모와 달리 단독으로 쓸 수 없고 반드시 '성모+운모'의 결합으로만 쓰여요. 그럼 이제부터 성모에 기본 운모 6가지를 붙여서 배워 볼까요?

● **입술소리(순음 唇音)**   TRACK **002**

b(o)	입술을 붙였다 떼면서 '뽀'에서 '어'로 끝내요.
p(o)	입술을 붙였다 떼면서 '포'에서 '어'로 끝내요.
m(o)	입술을 붙였다 떼면서 콧소리를 섞어 '모'에서 '어'로 끝내요.
f(o)	아랫입술 안쪽을 윗니로 살짝 물었다가 떼면서 '포'에서 '어'로 끝내요. 영어의 f 발음처럼!

b

a	ba 빠
o	bo 뽀어
e	
i	bi 삐
u	bu 뿌
ü	

p

a	pa 파
o	po 포어
e	
i	pi 피
u	pu 푸
ü	

m

a	ma 마
o	mo 모어
e	me 므어
i	mi 미
u	mu 무
ü	

f

a	fa 파
o	fo 포어
e	
i	
u	fu 푸
ü	

● **혀끝소리(설첨음 舌尖音)**

d(e)	혀끝을 윗니 뒷쪽에 붙였다 떼면서 '뜨'에서 '어'로 끝내요.
t(e)	혀끝을 윗니 뒷쪽에 붙였다 떼면서 '트'에서 '어'로 끝내요.
n(e)	혀끝을 윗니 뒷쪽에 붙였다 떼면서 콧소리를 섞어 '느'에서 '어'로 끝내요.
l(e)	혀끝을 윗니 뒷쪽에 붙였다 떼면서 '르'에서 '어'로 끝내요.

d

a	da 따
o	
e	de 뜨어
i	di 띠
u	du 뚜
ü	

t

a	ta 타
o	
e	te 트어
i	ti 티
u	tu 투
ü	

n

a	na 나
o	
e	ne 느어
i	ni 니
u	nu 누
ü	nü 뉘

l

a	la 라
o	
e	le 르어
i	li 리
u	lu 루
ü	lü 뤼

● **혀뿌리소리(설근음 舌根音)**

g(e)	혀뿌리로 목구멍을 막았다 떼는 느낌으로 '끄'에서 '어'로 끝내요.
k(e)	혀뿌리로 목구멍을 막았다 떼는 느낌으로 '크'에서 '어'로 끝내요.
h(e)	혀뿌리로 목구멍을 막았다 떼는 느낌으로 '흐'에서 '어'로 끝내요.

g

a	ga 까
o	
e	ge 끄어
i	
u	gu 꾸
ü	

k

a	ka 카
o	
e	ke 크어
i	
u	ku 쿠
ü	

h

a	ha 하
o	
e	he 흐어
i	
u	hu 후
ü	

● **혓바닥소리(설면음 舌面音)**　　　　　　　　　　　　　　　　TRACK **005**

j(i)	혀를 넓게 펴고 낮춰서 '지' 발음을 해요.
q(i)	혀를 넓게 펴고 낮춰서 '치' 발음을 해요.
x(i)	혀를 넓게 펴고 낮춰서 '시' 발음을 해요.

＊ 주의! j / q / x 뒤에는 ü를 u로 표기해요.

j

a	
o	
e	
i	ji 지
u	
ü	ju 쥐

q

a	
o	
e	
i	qi 치
u	
ü	qu 취

x

a	
o	
e	
i	xi 시
u	
ü	xu 쉬

● 혀와 잇소리(설치음 舌齒音)

z(i)	윗니와 아랫니를 나란히 하고 혀로 윗니 뒤에 살짝 대었다 떼면서 '쯔' 발음을 해요.
c(i)	윗니와 아랫니를 나란히 하고 혀로 윗니 뒤에 살짝 대었다 떼면서 '츠' 발음을 해요.
s(i)	윗니와 아랫니를 나란히 하고 혀로 윗니 뒤에 살짝 대었다 떼면서 '쓰' 발음을 해요.

* 주의! 이 때 i는 ' ㅣ '가 아니라 'ㅡ'로 발음해요.

Z

a	za 짜
o	
e	ze 쯔어
i	zi 쯔
u	zu 쭈
ü	

C

a	ca 차
o	
e	ce 츠어
i	ci 츠
u	cu 추
ü	

S

a	sa 싸
o	
e	se 쓰어
i	si 쓰
u	su 쑤
ü	

● 혀 말은 소리(권설음 卷舌音)　　　　　　　　　　　　　　TRACK 007

zh(i)	혀끝을 말아 올려 부드럽게 '즈' 발음을 해요.
ch(i)	혀끝을 말아 올려 부드럽게 '츠' 발음을 해요.
sh(i)	혀끝을 말아 올려 부드럽게 '스' 발음을 해요. 혀가 입천장에 닿지 않아요!
r(i)	비슷한 요령으로 살짝 공기를 뿜으며 '르' 소리를 내요. 혀가 입천장에 닿지 않아요!

* 주의! 이 때 i는 'ㅣ'가 아니라 'ㅡ'로 발음해요.

zh

a	zha 자
o	
e	zhe 즈어
i	zhi 즈
u	zhu 주
ü	

ch

a	cha 차
o	
e	che 츠어
i	chi 츠
u	chu 추
ü	

sh

a	sha 사
o	
e	she 스어
i	shi 스
u	shu 수
ü	

r

a	
o	
e	re 르어
i	ri 르
u	ru 루
ü	

다음 중 녹음에 해당되는 성모를 찾아보세요.　　　　　　　　TRACK **008**

① b ☐　　　　　p ☐　　　　　② j ☐　　　　　z ☐

③ n ☐　　　　　l ☐　　　　　④ sh ☐　　　　　s ☐

⑤ c ☐　　　　　q ☐　　　　　⑥ l ☐　　　　　r ☐

다음 중 녹음에 해당되는 운모를 찾아보세요.　　　　　　　　TRACK **009**

① u ☐　　　　　ü ☐　　　　　② a ☐　　　　　o ☐

③ a ☐　　　　　e ☐　　　　　④ i ☐　　　　　ü ☐

다음 중 녹음에 해당되는 발음을 찾아보세요.　　　　　　　　TRACK **010**

① ji ☐　　　　　ju ☐　　　　　② qu ☐　　　　　cu ☐

③ che ☐　　　　　zhe ☐　　　　　④ li ☐　　　　　ri ☐

⑤ ce ☐　　　　　cu ☐　　　　　⑥ she ☐　　　　　re ☐

읽기 1   녹음을 듣고 성모를 따라 읽어 보세요.   TRACK 011

① b   p   m   f

② d   t   n   l

③ g   k   h

④ j   q   x

⑤ z   c   s

⑥ zh   ch   sh   r

읽기 2   녹음을 듣고 성조에 주의하여 따라 읽어 보세요.   TRACK 012

① zhā   zhá   zhǎ   zhà

② tū   tú   tǔ   tù

③ lǖ   lǘ   lǚ   lǜ

④ kē   ké   kě   kè

⑤ bō   bó   bǒ   bò

⑥ mī   mí   mǐ   mì

그럼 이번에는 기본 운모 6가지 외에 복운모/비운모/권설운모/결합운모를 살펴볼게요.

● **복운모**(复韵母)

TRACK 013

ai	'아'로 시작해서 '이'로 끝내요.
ei	'에'로 시작해서 '이'로 끝내요. * 주의! '으어이'로 발음하면 안 돼요.
ao	'아'로 시작해서 '오'로 끝내요.
ou	'어'로 시작해서 '우'로 끝내요.

* 빨간색으로 표시된 부분은 단운모로 발음할 때와 다르기 때문에 주의해야 해요!

b

ai	bai
ei	bei
ao	bao
ou	

p

ai	pai
ei	pei
ao	pao
ou	pou

m

ai	mai
ei	mei
ao	mao
ou	mou

zh

ai	zhai
ei	zhei
ao	zhao
ou	zhou

● 비운모(鼻韵母) / 권설운모(卷舌韵母)　　　　　　　　　　TRACK **014**

an	'아'로 시작해서 'ㄴ(받침)'으로 끝내요. (입술은 그대로, 혀만 위로 붙이며)
en	'으어'로 시작해서 'ㄴ(받침)'으로 끝내요. * 주의! '엔'으로 발음하면 안 돼요.
ang	'아'로 시작해서 'ㅇ(받침)'으로 끝내요. (입술은 그대로, 목구멍만 막으면서)
eng	'으어'로 시작해서 'ㅇ(받침)'으로 끝내요. * 주의! '엥'으로 발음하면 안 돼요.
ong	'오'로 시작해서 'ㅇ(받침)'으로 끝내요.
er	'어'로 시작해서 혀끝을 말아 입천장에 닿지 않은 상태로 끝내요.

f

an	fan
en	fen
ang	fang
eng	feng
ong	
er	

t

an	tan
en	
ang	tang
eng	teng
ong	
er	

r

an	ran
en	ren
ang	rang
eng	reng
ong	rong
er	

c

an	can
en	cen
ang	cang
eng	ceng
ong	cong
er	

● i 결합운모①

ia	'이'로 시작해서 '아'로 끝내요.
ie	'이'로 시작해서 '에'로 끝내요.
iao	'이'로 시작해서 '아오'로 끝내요.
iou/iu	'이'로 시작해서 '어우'로 끝내요. 단, 앞에 성모가 오면 iu로 표기하고, 가운데 o 발음은 약하게 발음해요.

* 주의! 성모 없이 i로 발음이 시작되면 i → y로 표기해요.

* 빨간색으로 표시된 부분은 단운모로 발음할 때와 다르기 때문에 주의해야 해요!

j

ia	jia
ie	jie
iao	jiao
iu	jiu

q

ia	qia
ie	qie
iao	qiao
iu	qiu

x

ia	xia
ie	xie
iao	xiao
iu	xiu

n

ia	
ie	nie
iao	niao
iu	niu

• i 결합운모②

ian	'이'로 시작해서 '예'로 갔다가 살짝 'ㄴ(받침)'을 붙여요. * 주의! '이~안'으로 발음하면 안 돼요.
iang	'이'로 시작해서 '아'로 갔다가 살짝 'ㅇ(받침)'을 붙여요.
in	'이'로 시작해서 혀끝만 가볍게 입천장에 붙여 'ㄴ(받침)'으로 끝내요. e는 발음되지 않아요.
ing	'이'로 시작해서 가볍게 목구멍을 막아 'ㅇ(받침)'으로 끝내요. e는 발음되지 않아요.
iong	'이'로 시작해서 '오'로 갔다가 가볍게 목구멍을 막아 'ㅇ(받침)'으로 끝내요.

* 주의! 성모 없이 i로 발음이 시작되면 i → y로 표기해요. 단, in, ing은 앞에 y를 추가해요.

* 빨간색으로 표시된 부분은 단운모로 발음할 때와 다르기 때문에 주의해야 해요!

n

ian	nian
iang	niang
in	nin
ing	ning
iong	

l

ian	lian
iang	liang
in	lin
ing	ling
iong	

q

ian	qian
iang	qiang
in	qin
ing	qing
iong	qiong

x

ian	xian
iang	xiang
in	xin
ing	xing
iong	xiong

착! 꿀팁 in을 발음할 때에는 i와 n 사이에, ing을 발음할 때에는 i와 ng 사이에 살짝 e(어)를 넣고 발음하면 원어민 발음과 더 가까워져요. in → ien / ing → ieng

● u 결합운모①

ua	'우'로 시작해서 '아'로 끝내요.
uo	'우'로 시작해서 '어'로 끝내요.
uai	'우'로 시작해서 '아이'로 끝내요.
uei/ui	'우'로 시작해서 '에이'로 끝내요. 단, 앞에 성모가 오면 ui로 표기하고, e 발음은 약하게 발음해요.

* 주의! 성모 없이 u로 발음이 시작되면 u → w로 표기해요.

* 빨간색으로 표시된 부분은 단운모로 발음할 때와 다르기 때문에 주의해야 해요!

zh

ua	zhua
uo	zhuo
uai	zhuai
ui	zhui

ch

ua	chua
uo	chuo
uai	chuai
ui	chui

sh

ua	shua
uo	shuo
uai	shuai
ui	shui

h

ua	hua
uo	huo
uai	huai
ui	hui

● u 결합운모②

TRACK 018

uan	'우'로 시작해서 '아'로 갔다가 살짝 'ㄴ(받침)'을 붙여요.
uen/un	'우'로 시작해서 '어'로 갔다가 살짝 'ㄴ(받침)'을 붙여요. 성모가 앞에 오면 un으로 표기하고, e 발음은 약하게 발음해요.
uang	'우'로 시작해서 '아'로 갔다가 살짝 'ㅇ(받침)'을 붙여요.
ueng	'우'로 시작해서 '어'로 갔다가 살짝 'ㅇ(받침)'을 붙여요. 단, 성모 없이 단독으로 표기할 때는 weng으로 표기해요.

* 주의! 성모 없이 u로 발음이 시작되면 u → w로 표기해요.

g

uan	guan
un	gun
uang	guang
ueng	

k

uan	kuan
un	kun
uang	kuang
ueng	

zh

uan	zhuan
un	zhun
uang	zhuang
ueng	

ch

uan	chuan
un	chun
uang	chuang
ueng	

● ü 결합운모   TRACK 019

üe	'위'로 시작해서 '에'로 끝내요.
üan	'위'로 시작해서 '애'로 갔다가 살짝 'ㄴ(받침)'을 붙여요.
ün	'위'로 시작해서 가볍게 혀끝을 입천장에 붙여 'ㄴ(받침)'으로 끝내요.

* 주의! 성모 없이 ü로 발음이 시작되면 ü → yu로 표기하고, 성모 j / q / x와 결합하면 ü → u로 표기해요.

* 빨간색으로 표시된 부분은 단운모로 발음할 때와 다르기 때문에 주의해야 해요!

j

üe	jue
üan	juan
ün	jun

q

üe	que
üan	quan
ün	qun

x

üe	xue
üan	xuan
ün	xun

üe	yue
üan	yuan
ün	yun

※앞에 성모가 없으면 ü는
yu로 표기해요.

착! 꿀팁 ün을 발음할 때에는 ü와 n 사이에 살짝 e(어)를 넣고 발음하면 원어민 발음과 더 가까워져요.
ün → üen

30

듣기 1 다음 중 녹음에 해당되는 발음을 찾아보세요.

① juàn □   quàn □   ② yuán □   yún □

③ kuò □   kòu □   ④ líng □   níng □

⑤ shāng □   shuāng □   ⑥ ruò □   nuò □

읽기 1 녹음을 듣고 성조에 주의하여 따라 읽어 보세요.

① juē   jué   juě   juè

② kuāng   kuáng   kuǎng   kuàng

③ niāo   niáo   niǎo   niào

④ qiān   qián   qiǎn   qiàn

⑤ xūn   xún   xǔn   xùn

⑥ yōng   yóng   yǒng   yòng

✳ 성조의 표기

성조는 운모(a, o, e, u, i, ü) 위에 표시해요. 모음이 두 개 이상인 경우는 다음과 같은 규칙이 있어요.

$$a > o , e > i = u / ü$$

① a가 있으면 a 위에 표기 ▶ hǎo / kuài / máng
② a가 없으면 e나 o 위에 표기 ▶ gěi / duō / shéi
③ a, e, o가 없으면 i나 u나 ü 위에 표기 ▶ dǔ / tī / nǔ
④ iu 또는 ui의 경우 무조건 뒤에 표기 ▶ shuǐ / jiǔ / tuī
⑤ i 위에 성조를 표시할 경우 i 위의 점을 빼고 표기 ▶ chī / bǐ / zìjǐ

✳ 한어병음 표기 시 주의사항

1. i / u의 표기법

TRACK 022

앞에 성모 없이 단독으로 쓰이면 i는 y를, u는 w를 추가	앞에 성모 없이 in, ing이 단독으로 쓰이면 앞에 y를 추가	앞에 성모 없이 결합운모만 쓰이면 i ▶ y, u ▶ w로 바꾸어 표기
i ▶ yi u ▶ wu	in ▶ yin ing ▶ ying	ia ▶ ya uo ▶ wo

· 欢迎 huānyíng　· 跳舞 tiàowǔ　· 刷牙 shuāyá　· 袜子 wàzi
· 声音 shēngyīn　· 物价 wùjià　· 眼睛 yǎnjing　· 上网 shàngwǎng

▶ 앞에 성모가 오면 그대로 i / u로 표기해요.

2. ü의 표기법

TRACK 023

앞에 성모가 없는 경우　ü ▶ yu

· 圆 yuán　　　· 月 yuè　　　· 雨 yǔ

앞에 j / q / x 성모가 올 경우　jü ▶ ju　　qü ▶ qu　　xü ▶ xu

· 继续 jìxù　　　· 去 qù　　　· 学习 xuéxí
· 菊花 júhuā　　· 确定 quèdìng　· 宣传 xuānchuán

앞에 l / n 성모가 올 경우 그대로 ü를 표기해요. **TIP!** 키보드에서 입력할 시 ü는 v를 사용

lu   lü   nu   nü

· 路上 lùshang   · 绿色 lǜsè   · 努力 nǔlì   · 女儿 nǚ'ér

· 기타 표기법

앞에 성모가 오면 uei ► ui(gui / chui), 성모가 없으면 uei ► wei

앞에 성모가 오면 iou ► iu(qiu / xiu), 성모가 없으면 iou ► you

앞에 성모가 오면 uen ► un(gun / zhun), 없으면 uen ► wen

✳ 경성(轻声)

TRACK 024

성조는 1성, 2성, 3성, 4성 이외에 경성이 있어요. 경성은 짧고 가볍게 발음하되, 경성의 음높이는 앞 음절의 성조에 따라 정해져요. 경성은 성조부호를 따로 표기하지는 않아요.

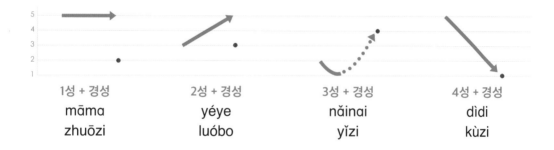

1성 + 경성	2성 + 경성	3성 + 경성	4성 + 경성
māma	yéye	nǎinai	dìdi
zhuōzi	luóbo	yǐzi	kùzi

✽ 얼화운(儿化韵)

중국 북방 사람들은 말할 때 혀를 마는 습관이 있는데, 음절 끝에 儿 ér 음을 붙여 바로 앞 음절의 일부로 동화시켜 발음하는 것으로, 이를 '얼화(儿化)'라고 해요. 간단히 몇 가지만 연습해 볼까요?

얼화운 발음법

TRACK 025

r만 추가	那 ▶ 那儿 nà ▶ nàr	歌 ▶ 歌儿 gē ▶ gēr	球 ▶ 球儿 qiú ▶ qiúr
n 음이 탈락되고 r만 추가 (발음만 n 탈락됨)	单 ▶ 单儿 dān ▶ dānr	玩 ▶ 玩儿 wán ▶ wánr	本 ▶ 本儿 běn ▶ běnr
i 음이 탈락하고 er이 붙는 경우 (발음만 er 추가)	字 ▶ 字儿 zì ▶ zìr	刺 ▶ 刺儿 c ▶ cìr	
i 음이 탈락하고 r만 붙는 경우	孩 ▶ 孩儿 hái ▶ háir	块 ▶ 块儿 kuài ▶ kuàir	

* 얼화운을 표기할 때는 맨 뒤에 r만 추가해요.

● 읽기 연습

一边儿 yìbiānr   画画儿 huàhuàr   有空儿 yǒukòngr   一下儿 yíxiàr

✽ 성조 변화

1. 3성의 성조 변화

TRACK 026

① 3성 + 3성 → 2성 + 3성

3성이 연속으로 올 때 앞의 3성이 2성으로 변해요. 단, 표기는 원래대로 해요.

xiǎogǒu ▶ xiáogǒu   xǐliǎn ▶ xíliǎn

lǎobǎn ▶ láobǎn   shuǐguǒ ▶ shuíguǒ

yǔsǎn ▶ yúsǎn   xiǎojiě ▶ xiáojiě

② 3성 + 1성/2성/4성 → 반3성 + 1성/2성/4성

3성 뒤에 1성, 2성, 4성이 오면 음이 내려갔다 올라오지 않는 반3성이 돼요. 단, 표기는 원래대로 해요.

3성+1성	shǒujī	hǎochī	lǎoshī	xiǎoxīn
3성+2성	yǐqián	jiǎnféi	ěrhuán	shuǐpíng
3성+4성	bǐjiào	hǎokàn	mǎshàng	kě'ài

※ kě'ài의 '(격음부호): a, e, o로 시작하는 음절이 이어지면 음의 경계를 구분해 주기 위해 '를 삽입해요.

2. 부정부사 不의 성조 변화

TRACK 027

동사/형용사를 부정할 때 사용하는 부정부사 不 bù는 뒤에 1성, 2성, 3성이 올 때는 원래대로 4성으로 발음하지만, 뒤에 4성이 오면 2성으로 바뀌어요. 바뀐 성조로 표기할 수도 있어요.

① 뒤에 4성이 올 경우 2성으로 변해요.

不累 bú lèi   不会 bú huì   不太 bú tài   不胖 bú pàng

② 뒤에 1성, 2성, 3성이 올 경우 변하지 않아요.

不喝 bù hē   不高 bù gāo   不忙 bù máng

不难 bù nán   不好 bù hǎo   不懂 bù dǒng

3. 숫자 一의 성조 변화

TRACK 028

一 yī는 원래 1성인데 성조 변화에 총 3가지 규칙이 있어요. 자~ 한번 살펴볼까요?

① 뒤에 4성이 올 경우 2성으로 변해요.

一次 yí cì   一下 yíxià   一辆 yí liàng

② 뒤에 1성, 2성, 3성이 올 경우 4성으로 변해요.

一张 yì zhāng   一年 yì nián   一起 yìqǐ

一千 yìqiān   一直 yìzhí   一本 yì běn

③ 단독으로 혹은 맨 끝에 오거나, 서수(순서)를 나타낼 때는 성조가 변하지 않아요.

제1과 第一课 dì yī kè   1월 一月 yī yuè   1시 一点 yī diǎn

다음 중 녹음에 해당되는 발음을 찾아보세요. TRACK 029

① shìr ☐ zhèr ☐　　② mǎimai ☐ màimai ☐

③ còuhe ☐ chúhé ☐　　④ rènao ☐ rénnǎo ☐

⑤ wánr ☐ ménr ☐　　⑥ yīfu ☐ qīfù ☐

다음 중 녹음에 해당되는 발음을 찾아보세요. TRACK 030

① běnlái ☐ běnběn ☐　　② lǐxiǎng ☐ líxiāng ☐

③ nǎozi ☐ nǎonù ☐　　④ kǎixuán ☐ kǎigē ☐

⑤ yǎnlǐ ☐ yǎnlì ☐　　⑥ xǐshǒu ☐ xīshōu ☐

녹음에서 들려주는 不의 성조와 동일한 不의 성조를 고르세요. TRACK 031

① 不 kàn ☐ 不 mǎi ☐　　② 不 xiǎng ☐ 不 nào ☐

③ 不 nuó ☐ 不 xìng ☐　　④ 不 chī ☐ 不 qù ☐

녹음에서 들려주는 一의 성조와 동일한 一의 성조를 고르세요. TRACK 032

① 一 jiàn ☐ 一 wǎn ☐　　② 一 piē ☐ 一 piàn ☐

③ 一 pán ☐ 一 yàng ☐　　④ 一 sōu ☐ 一 liè ☐

읽기 1

다음 성조 변화에 주의하여 읽어 보세요.   TRACK 033

① hǎibiān   zěnmeyàng   shuǐpíng   zǒngshì

② xiǎngjiā   nǎinai   měinǚ   dǎchē

③ lǐwù   qǐngwèn   qǐchuáng   kě'ài

④ jiǔbā   shǒutào   jiǎnféi   hǎohē

⑤ màozi   qīngchu   àiren   yǎnjing

⑥ yǒukòngr   liáotiānr   fànguǎnr   yíkuàir

 읽기 2

다음 성조 변화에 주의하여 읽어 보세요.   TRACK 034

① bùshuō   bùlái   bùxiǎng   búqù

② bùtīng   bùbái   bùlǐ   búwèn

③ yìbiān   yìtiáo   yìqǐ   yípiàn

④ yìtiān   yìnián   yìbǎ   yíbàn

⑤ búmài   bùwān   yìyǔ   yíjiàn

⑥ yídàn   yìzhī   bùwǎn   búpàng

✳ **핵심 주제**

- 안녕!
- 잘 가!

✳ **핵심 어법**

- 인칭대사
- 인사 변화 형식
- 여러 가지 시간 표현

회화의 토대는 **어법**

A 니 하오
你好! 안녕!
Nǐ hǎo!

B 라오스 하오
老师好! 선생님, 안녕하세요!
Lǎoshī hǎo!

'니하오!(!)'라는 말을 많이 들어보셨죠? 누구에게나 친근하게 건넬 수 있는 인사말이에요. '' 대신 '여러분/선생님' 같은 호칭을 붙여 주거나 '아침/저녁' 같은 시간명사를 붙여 사용하면 더 친근한 느낌이 들어요.

A 니먼 하오
你们好! 여러분, 안녕하세요!
Nǐmen hǎo!

B 자오상 하오
早上好! 좋은 아침입니다!
Zǎoshang hǎo!

WORDS

你 nǐ 때 너, 당신
好 hǎo 형 좋다, 안녕하다
老师 lǎoshī 명 선생님
你们 nǐmen 때 너희들
早上 zǎoshang 명 아침
您 nín 때 당신('你'의 존칭)
晚上 wǎnshang 명 저녁

★★ ─────────────────── 교 체 연 습

주어	+	好 !
你们		好 !
您		

시간	+	好 !
早上		好 !
晚上		

★★★

인칭대사의 단수형과 복수형,
남녀 호칭을 알아볼까요?

我 wǒ 나	我们 wǒmen 우리들
你 nǐ 너	你们 nǐmen 너희들
他 tā 그	他们 tāmen 그들
她 tā 그녀	她们 tāmen 그녀들

• 先生 미스터, 아저씨
xiānsheng
• 小姐 미스, 아가씨
xiǎojiě

A 짜이찌옌
再见! 잘 가!
Zàijiàn!

B 밍티엔 찌옌
明天见! 내일 봐요!
Míngtiān jiàn!

한국어는 만나거나 헤어질 때 동일하게 '안녕'을 사용하지만, 중국어는 헤어질 때 '다시(再)'와 '만나요(见)'을 결합하여 '또 봐./잘 가.'의 의미로 사용해요. 또, '만나다'라는 동사 앞에 시간명사를 넣어서 '내일 만나요./저녁에 만나요.' 등으로도 사용할 수 있어요.

A 따쟈 짜이찌옌
大家再见! 여러분, 잘 가요!
Dàjiā zàijiàn!

B 라오스 밍티엔 찌옌
老师明天见! 선생님, 내일 봐요!
Lǎoshī míngtiān jiàn!

WORDS

再见 zàijiàn 图 잘 가, 또 만나
明天 míngtiān 평 내일
见 jiàn 图 보다, 만나다
大家 dàjiā 대 여러분, 모두
爸爸 bàba 평 아빠
妈妈 māma 평 엄마
叔叔 shūshu 평 아저씨, 숙부
阿姨 āyí 평 아주머니
一会儿 yíhuìr 평 잠시 후, 이따가
今天 jīntiān 평 오늘

＊＊ 교 체 연 습

주어	+ 再见 ！
大家	再见 ！
爸爸	
妈妈	

주어	+ 시간 + 见 ！
老师	明天 见 ！
叔叔	一会儿
阿姨	今天晚上

＊＊＊

인사할 때 종종 시간을 붙여 사용해요.

-여러 가지 시간과 인사-

早上 zǎoshang 아침	早上好! Zǎoshang hǎo! 아침 인사
中午 zhōngwǔ 점심	中午好! Zhōngwǔ hǎo! 점심 인사
晚上 wǎnshang 저녁	晚上好! Wǎnshang hǎo! 저녁 인사

• 明天早上见。
  Míngtiān zǎoshang jiàn.
  내일 아침에 만나요.

• 今天晚上见。
  Jīntiān wǎnshang jiàn.
  오늘 저녁에 만나요.

✳ 🐶 회화를 내 것으로!

TRACK 037 | 038

—— 등굣길에 학교 입구에서 선생님과 학생이 만나 인사를 나누며

A
니 하오
你好!
Nǐ hǎo!

B
라오스 하오
老师好!
Lǎoshī hǎo!

—— 수업이 끝나고 집에 가며

A
짜이찌옌
再见!
Zàijiàn!

B
밍티옌 찌옌
明天见!
Míngtiān jiàn!

A 안녕!

B 선생님, 안녕하세요!

A 잘 가!

B 내일 봬요!

✳ 중국 문화 엿보기 ✳

중국인의 다양한 인사말

중국에서 통할 수 있는 인사말에 대해 알아볼까요?

먼저 예의를 갖추어 윗사람에게 인사할 때는 일반적으로 오른손으로 상대방과 악수를 하면서 "您好! (Nín hǎo! 안녕하세요!)"라고 합니다.

또 식사 전후 시간대에 가볍게 인사할 때는 "吃饭了吗? (Chīfàn le ma? 식사하셨어요?)"라고 합니다.

길을 걷다가 누군가를 만났을 때는 "上哪儿去? (Shàng nǎr qù? 어디 가세요?)", 오랜만에 친구를 만났을 때는 "好久不见。(Hǎojiǔ bújiàn. 오랜만이에요.)"이라고 인사를 합니다.

오랫동안 보지 못했던 친한 친구를 만났을 때는 "过得好吗? (Guò de hǎo ma? 잘 지내고 있어?)"라고 합니다.

상대방에 대한 최소한의 예절인 인사! 중국어로 다양한 인사말을 배웠으니, 앞으로 중국 사람을 만나면 활짝 웃으며 먼저 인사를 건네보는 건 어떨까요?

你　你
nǐ ｜ 你 你 你 你 你 你 你　7획

好　好
hǎo ｜ 好 好 好 好 好 好　6획

老　老
lǎo ｜ 老 老 老 老 老 老　6획

师　师
shī ｜ 师 师 师 师 师 师　6획

明　明
míng ｜ 明 明 明 明 明 明 明 明　8획

见　见
jiàn ｜ 见 见 见 见　4획

※  그림보며 **말하기**

아래 각 그림에 맞게 제시된 문형을 참고하여 말해 보세요.

(1)

A ＿＿＿＿＿＿＿＿好!

＿＿＿＿＿＿＿＿ hǎo!

B ＿＿＿＿＿＿＿＿好!

＿＿＿＿＿＿＿＿ hǎo!

(2)

A ＿＿＿＿＿＿＿＿好!

＿＿＿＿＿＿＿＿ hǎo!

B ＿＿＿＿＿＿＿＿好!

＿＿＿＿＿＿＿＿ hǎo!

(3)

이따가 만나!

A 再见!
Zàijiàn!

B ＿＿＿＿＿＿＿＿见!

＿＿＿＿＿＿＿＿ jiàn!

(4)

내일 만나!

A 再见!
Zàijiàn!

B ＿＿＿＿＿＿＿＿见!

＿＿＿＿＿＿＿＿ jiàn!

44

확장 문형 배우기

✳ 고마울 때

   A 谢谢。 Xièxie. 고맙습니다.

   B 不客气。 Bú kèqi. / 不(用)谢。 Bú (yòng) xiè. 천만에요.

✳ 미안할 때

   A 对不起。 Duìbuqǐ. / 不好意思。 Bù hǎoyìsi. 죄송합니다.

   B 没关系。 Méi guānxi. 괜찮습니다.

✳ 처음 만났을 때

   A 认识你很高兴。 Rènshi nǐ hěn gāoxìng. 만나서 반갑습니다.

   B 请多关照。 Qǐng duō guānzhào. 잘 부탁드립니다.

✳ 오랜만에 만났을 때

   好久不见。 Hǎojiǔ bújiàn. 오랜만입니다.

✳ 헤어질 때

   A 我走了。 Wǒ zǒu le. 저 가 보겠습니다.

   B 路上小心。 Lùshang xiǎoxīn. 조심히 가세요.

✳ 기원할 때

   身体健康。 Shēntǐ jiànkāng. 몸 건강하세요.

   新年快乐。 Xīnnián kuàilè. 새해 복 많이 받으세요.

   恭喜发财。 Gōngxǐ fācái. 돈 많이 버세요.

연습은 실전같이!

TRACK 041

듣기 1 다음 중 성모의 발음이 다른 하나를 고르세요.

(1) Ⓐ　　　　　　　　Ⓑ　　　　　　　　Ⓒ

(2) Ⓐ　　　　　　　　Ⓑ　　　　　　　　Ⓒ

TRACK 042

듣기 2 다음 중 운모의 발음이 다른 하나를 고르세요.

(1) Ⓐ　　　　　　　　Ⓑ　　　　　　　　Ⓒ

(2) Ⓐ　　　　　　　　Ⓑ　　　　　　　　Ⓒ

TRACK 043

읽기 1 발음에 주의하여 읽어 보세요.

(1)

| kuò | nuò | ruò | guò |

(2)

| zhuī | suī | jiǔ | niǔ |

(3)

| níba | líba | qìchē | xìshuō |

읽기 2 다음 문장을 읽어 보세요.

你好!
Nǐ hǎo!

你们好!
Nǐmen hǎo!

你们早上好!
Nǐmen zǎoshang hǎo!

再见!
Zàijiàn!

老师再见!
Lǎoshī zàijiàn!

老师明天见!
Lǎoshī míngtiān jiàn!

老师明天早上见!
Lǎoshī míngtiān zǎoshang jiàn!

쓰기 1 다음 문장을 중국어로 완성하세요.

(1) 여러분, 안녕!(아침 인사) → _____

(2) 여러분, 안녕!(저녁 인사) → _____

(3) 여러분, 내일 만나요. → _____

(4) 선생님, 내일 아침에 봬요. → _____

쓰기 2 알맞은 어순으로 문장을 완성하세요.

(1) 早上 / 好 / 大家 → _____

(2) 好 / 老师 / 晚上 → _____

(3) 大家 / 见 / 一会儿 → _____

(4) 明天 / 早上 / 老师 / 见 → _____

영상강의

원어민MP3

✳ 핵심 주제
• 너는 지금 배고프니?
• 식당이 멀어?

✳ 핵심 어법
• 형용사술어문 / 정반의문문
• 정도부사 很 / 不太

A 니 시엔짜이 어 마
你现在饿吗? 너는 지금 배고프니?
Nǐ xiànzài è ma?

B 워 헌 어
我很饿。 나는 매우 배고파.
Wǒ hěn è.

'예쁘다/비싸다' 등과 같은 형용사가 술어가 되는 문장을 '형용사술어문'이라고 하는데, 주의할 점은 긍정문에서 형용사 앞에 부사 '很' 등이 늘 함께 쓰여요.

A 니 시엔짜이 망 마
你现在忙吗? 너는 지금 바빠?
Nǐ xiànzài máng ma?

B 워 헌 망
我很忙。 나는 매우 바빠.
Wǒ hěn máng.

WORDS

现在 xiànzài 명 지금
饿 è 형 배고프다
吗 ma 조 ~입니까?
我 wǒ 대 나
很 hěn 부 매우
忙 máng 형 바쁘다
累 lèi 형 피곤하다
困 kùn 형 졸리다
冷 lěng 형 춥다
他 tā 대 그, 그 남자
高 gāo 형 (키가) 크다, 높다
漂亮 piàoliang 형 예쁘다
帅 shuài 형 멋지다, 잘생기다

✳✳ 교체연습

주어 +	형용사 +	吗 ？
你	忙	吗 ？
	累	
	困	
	冷	

주어 +	很 +	형용사 。
我	很	忙 。
他		高
妈妈		漂亮
爸爸		帅

✳✳✳

우리말에 '매우/아주/무척/가장/정말' 등 여러 가지 부사가 있지요? 중국어도 마찬가지예요. '很'과 같이 자주 사용하는 부사를 몇 가지만 배워 볼까요?

- 非常忙。 아주 바쁘다.
  Fēicháng máng.
- 太冷了。 매우 춥다.
  Tài lěng le.
- 挺累的。 무척 피곤하다.
  Tǐng lèi de.
- 最漂亮。 가장 예쁘다.
  Zuì piàoliang.
- 真好啊。 정말 좋다.
  Zhēn hǎo a.

일부 부사는 습관적으로 뒤에 '了 le/的 de/啊 a' 등이 같이 와요. 이 부사들이 함께 오면 감탄의 느낌이 훨씬 살죠!

A 판디엔 위앤 부 위앤
饭店远不远? 식당이 멀어?
Fàndiàn yuǎn bu yuǎn?

B 판디엔 부 타이 위앤
饭店不太远。 식당은 그다지 멀지 않아.
Fàndiàn bú tài yuǎn.

부정문은 형용사 앞에 부정부사 '不'를 붙여서 '不太'는 '그다지 ~하지 않다'는 의미예요. 또, 형용사의 긍정과 부정을 연결하여 의문문을 만들 수 있어요. 이를 '정반의문문'이라고 하는데, 일상에서 자주 사용하는 형식이에요. 정반의문문은 '吗' 의문문과 의미는 똑같지만, 주의할 점은 문장 끝에 의문조사 '吗'를 사용하지 않고, '不'는 경성으로 읽어 줘요.

카페이팅 위앤 부 위앤
A 咖啡厅远不远? 커피숍은 멀어?
Kāfēitīng yuǎn bu yuǎn?

카페이팅 부 타이 위앤
B 咖啡厅不太远。 커피숍은 그다지 멀지 않아.
Kāfēitīng bú tài yuǎn.

WORDS

饭店 fàndiàn 명 식당
远 yuǎn 형 멀다
不 bù 부 아니다 (부정을 나타냄)
不太 bú tài 그다지 ~하지 않다
咖啡厅 kāfēitīng 명 커피숍
大 dà 형 크다
干净 gānjìng 형 깨끗하다
家 jiā 명 집
汉语 Hànyǔ 고유 중국어
难 nán 형 어렵다

교체연습

주어 +	형용사 +	不 +	형용사 ?
咖啡厅	远	不	远 ?
	大		大
	漂亮		漂亮
	干净		干净

주어 +	不/不太 +	형용사 。
咖啡厅	不太	远 。
家	不	大
大家	不太	忙
汉语	不	难

* 부정부사 '不'의 성조 변화
기억나시죠? (35p. 참고)

***

형용사 정반의문문은 보통 1음절을 A不A 형식으로 많이 사용해요. 2음절 형용사를 정반의문문으로 만들 때에는 'AB不AB?'로 사용해요. 한 번 배워 볼까요?

• 你妈妈漂亮不漂亮?
Nǐ māma piàoliang bu piàoliang?
너희 어머님은 예쁘시니?

• 咖啡厅干净不干净?
Kāfēitīng gānjìng bu gānjìng?
커피숍이 깨끗하니?

✳ 🐶 회화를 내 것으로!

TRACK 047 | 048

—— 배가 고픈 두 사람이 식당으로 가는 길에 대화를 나누며

A
니 시옌 짜이 어 마
你现在饿吗?
Nǐ xiànzài è ma?

B
워 헌 어
我很饿。
Wǒ hěn è.

A
판디옌 위앤 부 위앤
饭店远不远?
Fàndiàn yuǎn bu yuǎn?

B
판디옌 부 타이 위앤
饭店不太远。
Fàndiàn bú tài yuǎn.

A 너는 지금 배고프니?

B 나는 매우 배고파.

A 식당이 멀어?

B 식당은 그다지 멀지 않아.

✳ 중국 문화 엿보기 ✳

개도 거들떠보지 않는 만두?
—— 狗不理包子(Gǒubùlǐ bāozi)

'狗不理包子'는 천진(天津)의 유명한 음식 중 하나로, 100 년이 넘는 역사가 있는 만두 의 이름입니다.
지금으로부터 150여 년 전인 1858년, 이름이 '구자(狗子)' 라는 사람이 만두 가게를 열

었습니다. 구자(狗子)가 만든 만두는 향도 좋고 맛도 일품이라 굉장히 유명해졌고, 급기야 구자(狗子)는 만두를 만드느라 손님을 신경 쓸 겨를조차 없게 되었습니다. 이에 사람들은 구자(狗子)를 놀리면서 '구자(狗子)가 만두(包子)를 판다고 사람들은 거들떠보지도 않는다(不理).'고 했습니다. 시간이 흘러 그가 만든 만두는 자연스럽게 '狗不理包子'라고 불리게 되었습니다. 언뜻 보기에는 '개도 거들떠보지 않는 (맛없는) 만두'일 것 같지만, 알고 보면 이와 같은 기막힌 유래가 숨어 있는 맛있는 만두랍니다.

我 我

wǒ | 我 我 我 我 我 我   7획

现 现

xiàn | 现 现 现 现 现 现 现 现   8획

在 在

zài | 在 在 在 在 在 在   6획

饿 饿

è | 饿 饿 饿 饿 饿 饿 饿 饿 饿 饿   10획

饭 饭

fàn | 饭 饭 饭 饭 饭 饭 饭   7획

远 远

yuǎn | 远 远 远 远 远 远 远   7획

 그림보며 **말하기**

아래 각 그림에 맞게 제시된 문형을 참고하여 말해 보세요.

TRACK **049**

(1)

A 你现在＿＿＿＿＿＿吗?

   Nǐ xiànzài ＿＿＿＿＿＿ ma?

B 我很＿＿＿＿＿＿。

   Wǒ hěn ＿＿＿＿＿＿ .

(2)

A 你现在＿＿＿＿＿＿吗?

   Nǐ xiànzài ＿＿＿＿＿＿ ma?

B 我很＿＿＿＿＿＿。

   Wǒ hěn ＿＿＿＿＿＿ .

(3)

A 衣服＿＿＿不＿＿＿?

   Yīfu ＿＿＿ bu ＿＿＿ ?

B 衣服不太＿＿＿＿＿。

   Yīfu bú tài ＿＿＿＿＿ .

(4)

A 衣服＿＿＿不＿＿＿?

   Yīfu ＿＿＿ bu ＿＿＿ ?

B 衣服不太＿＿＿＿＿。

   Yīfu bú tài ＿＿＿＿＿ .

WORDS

热 rè [형] 덥다　衣服 yīfu [명] 옷

확장 문형 배우기

● 심화 보충 단어 ———————————————————— TRACK 050

服务员	菜单	勺子
fúwùyuán	càidān	sháozi
종업원	메뉴	숟가락

筷子	餐巾纸	茶水
kuàizi	cānjīnzhǐ	cháshuǐ
젓가락	냅킨	찻물

饮料	起子	点菜
yǐnliào	qǐzi	diǎncài
음료	병따개	요리를 주문하다

拿手菜	换碟子	买单
náshǒucài	huàn diézi	mǎidān
가장 자신 있는 요리	접시를 바꿔 주다	계산하다

● 확장 문형 ———————————————————— TRACK 051

※ 식당에서 사용하는 여러 가지 표현

1 先生，您几位? Xiānsheng, nín jǐ wèi? 선생님, 몇 분이세요?

2 我要点菜。 Wǒ yào diǎncài. 주문하겠습니다.

3 不要香菜。 Búyào xiāngcài. 고수는 빼 주세요.

4 菜都上齐了。 Cài dōu shàng qí le. 주문하신 메뉴가 모두 나왔습니다.

5 请慢用。 Qǐng màn yòng. 천천히 (많이) 드세요.

6 再来一瓶。 Zài lái yì píng. 한 병 더 주세요.

7 请给我开发票。 Qǐng gěi wǒ kāi fāpiào. 영수증 주세요.

연습은 실전같이!

다음 중 성모의 발음이 다른 하나를 고르세요.　　　　TRACK 052

(1) Ⓐ　　　　　　　Ⓑ　　　　　　　Ⓒ

(2) Ⓐ　　　　　　　Ⓑ　　　　　　　Ⓒ

듣기 **2** 다음 중 운모의 발음이 다른 하나를 고르세요.　　　　TRACK 053

(1) Ⓐ　　　　　　　Ⓑ　　　　　　　Ⓒ

(2) Ⓐ　　　　　　　Ⓑ　　　　　　　Ⓒ

 읽기 **1** 발음에 주의하여 읽어 보세요.　　　　TRACK 054

| (1) | chuāng | chuáng | chuǎng | chuàng |

| (2) | xūn | xún | xǔn | xùn |

| (3) | yuān | yuán | yuǎn | yuàn |

56

다음 문장을 읽어 보세요.

很饿。
Hěn è.

我很饿。
Wǒ hěn è.

我现在很饿。
Wǒ xiànzài hěn è.

不太忙。
Bú tài máng.

爸爸不太忙。
Bàba bú tài máng.

我爸爸不太忙。
Wǒ bàba bú tài máng.

쓰기 1

다음 문장을 중국어로 완성하세요.

(1) 너는 지금 배고파? → _____

(2) 나는 매우 배고파. → _____

(3) 식당이 멀어? → _____

(4) 식당은 그다지 멀지 않아. → _____

쓰기 2

알맞은 어순으로 문장을 완성하세요.

(1) 远 / 咖啡厅 / 不远 → _____

(2) 不太 / 远 / 饭店 → _____

(3) 忙 / 爸爸 / 吗 / 现在 → _____

(4) 很 / 我 / 妈妈 / 累 → _____

누구인지 궁금할 때는?

✳ 핵심 주제

• 그는 네 남자 친구야?

• 얘는 누구야?

✳ 핵심 어법

• 판단동사 是

• 지시대사 这 / 那

• 의문대사 谁

A 他是你男朋友吗? 그는 네 남자 친구야?
Tā shì nǐ nánpéngyou ma?

B 不，他是我同事。 아니, 그는 내 동료야.
Bù, tā shì wǒ tóngshì.

'是'는 'A는 B이다'라는 동사(판단동사)예요. 동사술어문의 기본 어순은 '주어+동사+목적어'예요. 부정형은 동사 앞에 부정부사 '不'를 붙이는데, 이때 '不'의 성조 변화를 잊지 마세요.(35p. 참고) 또 2과에서 배운 정반의문문도 사용할 수 있어요.

A 他是你哥哥吗? 그는 네 오빠야?
Tā shì nǐ gēge ma?

B 不，他是我弟弟。 아니, 그는 내 남동생이야.
Bù, tā shì wǒ dìdi.

WORDS

是 shì 통 ~이다
男朋友 nánpéngyou 명 남자 친구
同事 tóngshì 명 동료
哥哥 gēge 명 오빠, 형
弟弟 dìdi 명 남동생
她 tā 대 그녀, 그 여자
他们 tāmen 대 그들
姐姐 jiějie 명 언니, 누나
女朋友 nǚpéngyou 명 여자 친구
朋友 péngyou 명 친구
妹妹 mèimei 명 여동생

** 교체연습

주어	+ 是 +	목적어	+ 吗 ?
他	是	你哥哥	吗 ?
她		你姐姐	
她		女朋友	
他们		你朋友	

주어	+ (不)是 +	목적어	。
他	是	我弟弟	。
她	是	妹妹	
他	不是	男朋友	
她	是	姐姐	

***

'请 qǐng'은 '요구하다, 요청하다'의 뜻인데, 회화에서 문장 맨 앞에 붙여 경어로도 많이 사용해요.
'请问 qǐngwèn'은 상대에게 뭔가를 물어볼 때 사용해요.

• A 请问，他是你爸爸吗?
Qǐngwèn, tā shì nǐ bàba ma?
실례지만, 그는 당신의 아버지세요?

B 他是我爸爸。(긍정문)
Tā shì wǒ bàba.
그는 나의 아버지예요.

他不是我爸爸。(부정문)
Tā bú shì wǒ bàba.
그는 나의 아버지가 아니에요.

* 부정형은 부정부사 '不'를 붙여요.

A 这是谁? 얘는 누구야?
^쩌 ^스 ^{셰이}
Zhè shì shéi?

B 这是同学。 얘는 학교 친구야.
^쩌 ^스 ^{통쉬에}
Zhè shì tóngxué.

어떤 사람/사물을 지칭할 때는 지시대사 '这(이, 이것)/那(저, 저것/그, 그것)'를 사용해요. 우리말의 '누구'와 같이 의문대사를 사용하여 물을 경우 중국어에서는 묻고 싶은 대상의 자리에 의문대사만 넣으면 돼요. 아주 쉽죠?

A 那是谁? 쟤는 누구야?
^나 ^스 ^{셰이}
Nà shì shéi?

B 那是同事。 쟤는 동료야.
^나 ^스 ^{통스}
Nà shì tóngshì.

WORDS

这 zhè 데 이, 이것, 이 사람
谁 shéi 의 누구
同学 tóngxué 명 학교 친구
那 nà 데 저, 저것, 저 사람, 그, 그것, 그 사람
她们 tāmen 데 그녀들

교체연습

인칭/지시대사	+ 是 +	谁 ?
那	是	谁 ?
这		
他		
她们		

인칭/지시대사	+ 是 +	목적어 。
那	是	同学 。
女朋友		
我哥哥		
我同事		

***

격음부호란?
- 可爱 kě'ài 귀엽다
- 女儿 nǚ'ér 딸
- 天安门 Tiān'ānmén 천안문

위 단어들의 한어병음 중간에 작은 따옴표(')가 있죠? 이것을 '격음부호'라고 합니다. 뒤에 이어지는 음절이 모음 a, e, o로 시작하면(kěài) 한어병음만 봐선 구분하기 힘들죠? 그래서 음절과 음절을 구분해 주는 작은 따옴표(')를 그 앞에 붙여 줍니다(kě'ài).

회화를 내 것으로!

—— 가족이 모여 앨범을 보다가 사진 속의 사람이 누군지 궁금해하며

A 他^타是^스你^니男朋友^{난펑여우}吗^마?
　Tā shì nǐ nánpéngyou ma?

B 不^뿌，他^타是^스我^워同事^{통스}。
　Bù, tā shì wǒ tóngshì.

A 这^쩌是^스谁^{셰이}?
　Zhè shì shéi?

B 这^쩌是^스同学^{통쉬에}。
　Zhè shì tóngxué.

✳ 중국 문화 엿보기 ✳

남자 사람 친구 vs **남자 친구**

'남자 사람 친구'라는 말은 남자 친구도 아니고 남자 사람 친구 즉, 성별이 남자인 친구라는 뜻으로 이성간의 감정이 없는 친구라는 의미입니다.

중국어에도 비슷한 말이 있습니다. 바로 '普通朋友(pǔtōng péngyou)'입니다. 한국어로 해석하자면 '보통 친구'라는 뜻입니다. 만약 당신이 이성친구와 식당에서 밥을 먹다 누군가를 만나 그가 당신의 남자 친구냐는 질문을 받는다면 "他只是普通朋友，不是男朋友。(Tā zhǐ shì pǔtōng péngyou, bú shì nánpéngyou.)"라고 대답하면 됩니다.

'普通朋友'와 같은 의미로 쓰이는 또 다른 단어가 있습니다. 바로 '男的朋友(nán de péngyou)'입니다. 우리나라에서 쓰이는 것처럼 '男的(남자인)', 즉 성별이 남자인 친구라는 말입니다.

'男的朋友'와 '男朋友'이 둘의 차이점! 이제는 분명히 아시겠죠? 한 글자 차이로 전혀 다른 뜻이 될 수 있으니 꼭 기억해 두세요!

A 그는 네 남자 친구야?
B 아니, 그는 내 동료야.
A 얘는 누구야?
B 얘는 학교 친구야.

朋 朋

péng | 朋 朋 朋 朋 朋 朋 朋 朋　　　8획

是 是

shì | 是 是 是 是 是 是 是 是 是　　　9획

事 事

shì | 事 事 事 事 事 事 事 事　　　8획

这 这

zhè | 这 这 这 这 这 这 这　　　7획

谁 谁

shéi | 谁 谁 谁 谁 谁 谁 谁 谁 谁 谁　　　10획

学 学

xué | 学 学 学 学 学 学 学 学　　　8획

✳ 🐶 그림보며 **말하기**

아래 각 그림에 맞게 제시된 문형을 참고하여 말해 보세요.

TRACK 060

(1)

A 他是你哥哥吗?

　Tā shì nǐ gēge ma?

B 不，他是＿＿＿＿＿＿＿＿。

　Bù, tā shì ＿＿＿＿＿＿＿＿.

(2)

A 他是你哥哥吗?

　Tā shì nǐ gēge ma?

B 不，他是＿＿＿＿＿＿＿＿。

　Bù, tā shì ＿＿＿＿＿＿＿＿.

(3)

A 这是谁?

　Zhè shì shéi?

B 这是＿＿＿＿＿＿＿＿。

　Zhè shì ＿＿＿＿＿＿＿＿.

(4)

A 这是谁?

　Zhè shì shéi?

B 这是＿＿＿＿＿＿＿＿。

　Zhè shì ＿＿＿＿＿＿＿＿.

 **확장 문형** 배우기

● 가족 관계도 ——————————————— TRACK 061

| 爷爷
yéye
할아버지 | 奶奶
nǎinai
할머니 | | 姥爷
lǎoye
외할아버지 | 姥姥
lǎolao
외할머니 |

| 爸爸
bàba
아버지 | 妈妈
māma
어머니 |

| 哥哥
gēge
형, 오빠 | 姐姐
jiějie
누나, 언니 | 我
wǒ
나 | 弟弟
dìdi
남동생 | 妹妹
mèimei
여동생 |

연습은 실전같이!

 듣기 1 다음 중 성모의 발음이 다른 하나를 고르세요.   TRACK 062

(1) Ⓐ   Ⓑ   Ⓒ

(2) Ⓐ   Ⓑ   Ⓒ

 듣기 2 다음 중 운모의 발음이 다른 하나를 고르세요.   TRACK 063

(1) Ⓐ   Ⓑ   Ⓒ

(2) Ⓐ   Ⓑ   Ⓒ

읽기 1 발음에 주의하여 읽어 보세요.   TRACK 064

(1)	jiǎn tóufa	yǎnjing	kě'ài

(2)	wǎnshang	báitiān	yuèliang

(3)	yīnwèi	yīngyǔ	lǎohǔ

읽기 2

다음 문장을 읽어 보세요.

爸爸。
Bàba.

是爸爸。
Shì bàba.

他是爸爸。
Tā shì bàba.

他是你爸爸。
Tā shì nǐ bàba.

他是你爸爸吗?
Tā shì nǐ bàba ma?

同学。
Tóngxué.

是同学。
Shì tóngxué.

这是同学。
Zhè shì tóngxué.

这是我同学。
Zhè shì wǒ tóngxué.

쓰기 1

다음 문장을 중국어로 완성하세요.

(1) 그는 네 남자 친구야?　　　→ ＿＿＿＿＿＿＿＿＿＿＿

(2) 아니, 그는 내 동료야.　　　→ ＿＿＿＿＿＿＿＿＿＿＿

(3) 얘는 누구야?　　　　　　　→ ＿＿＿＿＿＿＿＿＿＿＿

(4) 얘는 학교 친구야.　　　　　→ ＿＿＿＿＿＿＿＿＿＿＿

쓰기 2

알맞은 어순으로 문장을 완성하세요.

(1) 她 / 吗 / 是 / 你女朋友　　→ ＿＿＿＿＿＿＿＿＿＿＿

(2) 妹妹 / 是 / 不 / 我 / 她　　→ ＿＿＿＿＿＿＿＿＿＿＿

(3) 他们 / 谁 / 是　　　　　　→ ＿＿＿＿＿＿＿＿＿＿＿

(4) 我 / 是 / 那 / 同事　　　　→ ＿＿＿＿＿＿＿＿＿＿＿

memo

✳ 복습 ✳

***
발음 / UNIT 01

UNIT 02 / UNIT 03

원어민 MP3

1 다음 발음을 따라 연습해 보세요. TRACK 066

(1) xiǎnshìqì　　dìpíngxiàn　　diànshìjī　　fēngjǐnghuà

(2) xínglixiāng　　dà yǎnjing　　jiǎn tóufa　　qù kànkan

(3) jiānchí dàodǐ　　bàntú'érfèi　　yìmíngjīngrén　　xǐchūwàngwài

(4) kǒushìxīnfēi　　rìxīnyuèyì　　shíyǒubājiǔ　　shíquánshíměi

2 성조와 뜻에 주의하여 읽어 보세요. TRACK 067

(1)

mǎi dōngxi	mài dōngxi
买东西	卖东西
물건을 사다	물건을 팔다

(2)

kàn shū	kǎn shù
看书	砍树
책을 보다	나무를 자르다

(3)

xìfú	xīfú
戏服	西服
무대 의상	양복

(4)

dàxiǎo	dàxiào
大小	大笑
크기	크게 웃다

(5)

yuànwàng	yuǎnwàng
愿望	远望
바람, 희망	멀리 바라보다

(6)

xiǎogǒu	xiǎogōu
小狗	小沟
강아지	작은 산골짜기

3 비슷한 발음에 주의하여 읽어 보세요. (잰말놀이) TRACK 068

Gāojiāoqiáochūn jiāo sǎosao,
xiàojìng lǎorén ài lǎolao.

Lǎolao lǎo le bù fú lǎo,
zhāozhāorìrì bào bǎobao.

Bǎobao xiào, lǎolao xiào,
lǎolao ài sǎosao, lǎolao ài bǎobao.

Lǎo ài shào, shào jìng lǎo,
lǎolao shàoshao zhāozhao hǎo.

Nánnan yǒu ge lánlan,
lánlan zhuāng zhe pánpan,

pánpan fàng zhe wǎnwan,
wǎnwan chéng zhe fànfan.

Nánnan fān le lánlan,
lánlan kòu le pánpan,

pánpan dǎ le wǎnwan,
wǎnwan sǎ le fànfan.

안녕!

你好!
Nǐ hǎo!

선생님, 안녕하세요!

老师好!
Lǎoshī hǎo!

잘 가!

再见!
Zàijiàn!

내일 봬요!

明天见!
Míngtiān jiàn!

너는 지금 배고파?

你现在饿吗?
Nǐ xiànzài è ma?

나는 배고파.

我很饿。
Wǒ hěn è.

식당이 멀어?

饭店远不远?
Fàndiàn yuǎn bu yuǎn?

식당은 그다지 멀지 않아.

饭店不太远。
Fàndiàn bú tài yuǎn.

그는 네 남자 친구야?

他是你男朋友吗?
Tā shì nǐ nánpéngyou ma?

아니, 그는 내 동료야.

不，他是我同事。
Bù, tā shì wǒ tóngshì.

얘는 누구야?

这是谁?
Zhè shì shéi?

얘는 학교 친구야.

这是同学。
Zhè shì tóngxué.

UNIT
04 자기소개 할 때는?

你叫什么名字?
Nǐ jiào shénme míngzi?

我叫朴银真。
Wǒ jiào Piáo Yínzhēn.

영상강의　원어민MP3

✳ 핵심 주제

• 너는 이름이 뭐야?

• 너는 어느 나라 사람이야?

✳ 핵심 어법

• 이름 묻기

• 의문대사 什么 / 哪

A 니 지아오 선머 밍쯔
你叫什么名字? 너는 이름이 뭐야?
Nǐ jiào shénme míngzi?

B 워 지아오 피아오 인전
我叫朴银真。 나는 박은진이야.
Wǒ jiào Piáo Yínzhēn.

우리나라는 이름을 말하거나 물어볼 때 '~이다'라고 하지요? 중국어는 '~라고 부르다'라는 동사 '叫'를 사용해요. 비슷한 연령대의 사람에게 '叫'와 의문대사 '什么'를 사용하여 이름을 묻는데, 주의할 점은 의문대사가 있는 문장에는 '吗'를 붙이지 않아요.

A 타 지아오 선머 밍쯔
她叫什么名字? 그녀는 이름이 뭐야?
Tā jiào shénme míngzi?

B 타 지아오 취앤 즈시옌
她叫全智贤。 그녀는 전지현이라고 해.
Tā jiào Quán Zhìxián.

WORDS

叫 jiào 图 ~라고 부르다

什么 shénme 의 무엇

名字 míngzi 명 이름

朴银真 Piáo Yínzhēn
고유 박은진

全智贤 Quán Zhìxián
고유 전지현

金秀贤 Jīn Xiùxián 고유 김수현

王小慧 Wáng Xiǎohuì
고유 왕소혜

✳✳

교 체 연 습

주어	+	叫	+	什么名字	?
她		叫		什么名字	?

你哥哥
汉语老师

주어	+	叫	+	이름	。
她		叫		全智贤	。

我哥哥   金秀贤
汉语老师   王小慧

✳✳✳
우리말의 '성함이 어떻게 되십니까?'라는 질문은 중국어로 어떻게 표현할까요?

예의를 갖춰야 하는 경우 '贵 guì'를 붙여 "您贵姓? Nín guìxìng?"이라고 성을 물어요. 대답할 때는 자신을 높이지는 않기 때문에 '贵'는 붙이지 않고 "我姓~ wǒ xìng~"이라고 대답해야 해요.

• A 您贵姓?
   Nín guìxìng?
  B 我姓金，叫秀贤。
   Wǒ xìng Jīn, jiào
   Xiùxián.

• 贵姓 guìxìng 명 성함
• 姓 xìng 图 성이 ~이다

니 스 나 궈 런
A 你是哪国人? 너는 어느 나라 사람이야?
Nǐ shì nǎ guó rén?

워 스 한궈런
B 我是韩国人。 나는 한국인이야.
Wǒ shì Hánguórén.

'哪'는 '어느'란 뜻의 의문대사로, 여러 가지 중 하나를 선택할 때 사용해요. 한 국인(韩国人), 중국인(中国人), 일본인(日本人) 등 여러 나라 국적 중 어느 나 라 사람인지를 물어보려면 '哪国人'이라고 묻고, 역시 문장 끝에는 '吗'를 붙이 지 않아요.

WORDS

哪 nǎ 의 어느
国 guó 명 나라
人 rén 명 사람
韩国人 Hánguórén 고유 한국인
中国人 Zhōngguórén 고유 중국인
美国人 Měiguórén 고유 미국인
日本人 Rìběnrén 고유 일본인

타 스 나 궈 런
A 他是哪国人? 그는 어느 나라 사람이야?
Tā shì nǎ guó rén?

타 스 중궈런
B 他是中国人。 그는 중국인이야.
Tā shì Zhōngguórén.

✱✱ ━━━━━━━━━━━━━ 교 체 연 습

주어	+	是	+	哪国人	?
他		是		哪国人	?

你朋友
他们

주어	+	是	+	국적	。
他		是		中国人	。

我朋友   美国人
他们   日本人

✱✱✱

나라 이름 중국어로 배워 보기		
국가	한자	발음
프랑스	法国	Fǎguó
러시아	俄罗斯	Éluósī
독일	德国	Déguó
인도	印度	Yìndù
호주	澳大利亚	Àodàlìyà
태국	泰国	Tàiguó
포르투갈	葡萄牙	Pútáoyá
스페인	西班牙	Xībānyá
이탈리아	意大利	Yìdàlì
싱가포르	新加坡	Xīnjiāpō

회화를 내 것으로!

TRACK 071 | 072

—— 새로운 친구를 사귀게 되어 이름과 국적을 물어보며

A
니 지아오 션머 밍쯔
你叫什么名字?
Nǐ jiào shénme míngzi?

B
워 지아오 피아오 인전
我叫朴银真。
Wǒ jiào Piáo Yínzhēn.

A
니 스 나 궈 런
你是哪国人?
Nǐ shì nǎ guó rén?

B
워 스 한궈런
我是韩国人。
Wǒ shì Hánguórén.

A 너는 이름이 뭐야?
B 나는 박은진이야.
A 너는 어느 나라 사람이야?
B 나는 한국인이야.

✳ 중국 문화 엿보기 ✳

침대칸이 보편적인 중국의 열차

기차를 타고 누워서 여행을 가보는 것은 어떨까요? 중국은 땅이 넓은 만큼 동에서 서로, 남에서 북으로 가로지르는 노선도 굉장히 많습니다. 이러한 노선을 이용하는 사람

들이 조금이라도 편하게 기차를 이용할 수 있도록 앉는 좌석 외에도 누워서 가는 침대칸이 보편적입니다. 그 침대칸을 '卧铺(wòpù)'라고 합니다. 대부분의 기차에는 '卧铺'가 있는데, '卧铺'는 두 가지로 나누어 집니다.

비교적 침대의 매트리스가 부드럽고 고급스러운 곳을 '软卧(ruǎnwò)'라고 하고, 반대로 딱딱한 매트리스가 있는 침대칸을 '硬卧(yìngwò)'라고 합니다. 보통 '软卧'의 가격이 더 비쌉니다. 북경(北京)에서 진시황 무덤이 있는 서안(西安)까지 해질녘 붉은 빛이 감도는 열차의 침대칸에 누워 중국의 넓은 대지를 바라보는 것도 멋지지 않을까요?

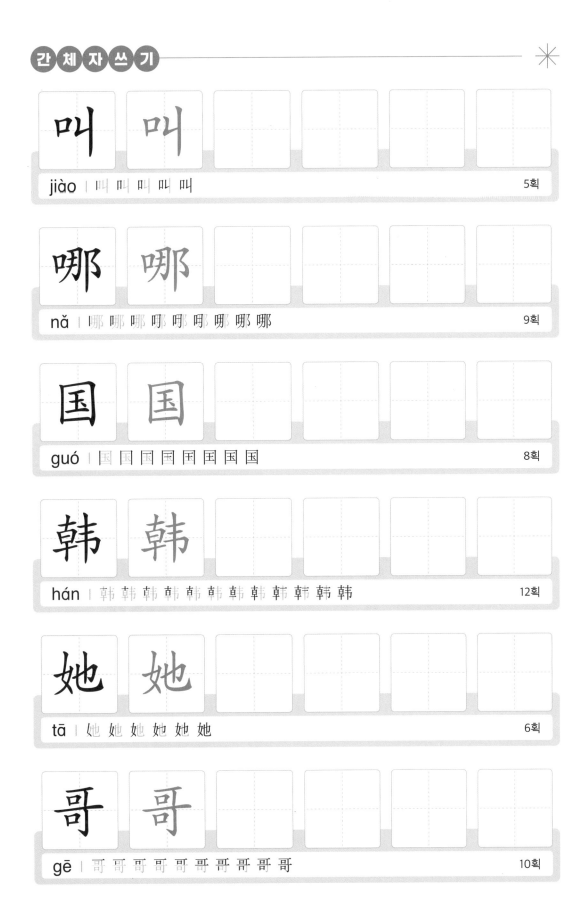

jiào | 叫 叫 叫 叫 叫　　　5획

nǎ | 哪 哪 哪 叨 呀 呀 哪 哪 哪　　　9획

guó | 国 国 国 围 国 国 国 国　　　8획

hán | 韩 韩 韩 直 韩 直 直 直 韩 韩 韩 韩　　　12획

tā | 她 她 她 她 她 她　　　6획

gē | 哥 哥 哥 哥 哥 哥 哥 哥 哥 哥　　　10획

 그림보며 **말하기**

아래 각 그림에 맞게 제시된 문형을 참고하여 말해 보세요.

TRACK **073**

(1)

성룡

A 你叫什么名字?
　Nǐ jiào shénme míngzi?

B 我叫＿＿＿＿＿＿＿＿。
　Wǒ jiào ＿＿＿＿＿＿＿＿.

(2)

김수현

A 你叫什么名字?
　Nǐ jiào shénme míngzi?

B 我叫＿＿＿＿＿＿＿＿。
　Wǒ jiào ＿＿＿＿＿＿＿＿.

(3)

A 你是哪国人?
　Nǐ shì nǎ guó rén?

B 我是＿＿＿＿＿＿＿＿。
　Wǒ shì ＿＿＿＿＿＿＿＿.

(4)

A 你是哪国人?
　Nǐ shì nǎ guó rén?

B 我是＿＿＿＿＿＿＿＿。
　Wǒ shì ＿＿＿＿＿＿＿＿.

WORDS

成龙 Chéng Lóng 고유 성룡　英国人 Yīngguórén 고유 영국인

✳ 확장 문형 배우기

● 심화 보충 단어 ──────────────── TRACK 074

律师	警察	医生/大夫
lǜshī	jǐngchá	yīshēng/dàifu
변호사	경찰(관)	의사
护士	记者	教授
hùshi	jìzhě	jiàoshòu
간호사	기자	교수
保安	演员	司机
bǎo'ān	yǎnyuán	sījī
보안 요원	배우	운전사
老板	歌手	厨师
lǎobǎn	gēshǒu	chúshī
사장	가수	요리사

● 확장 문형 ──────────────── TRACK 075

✳ 서로의 직업을 물을 때

A 你是做什么的? Nǐ shì zuò shénme de? 당신은 뭐 하시는 분이십니까?

B 我是律师。 Wǒ shì lǜshī. 저는 변호사입니다.

· ·

A 你以后想当什么? Nǐ yǐhòu xiǎng dāng shénme?
당신은 나중에 뭐가 되고 싶으세요?

B 我想当演员。 Wǒ xiǎng dāng yǎnyuán.
저는 배우가 되고 싶습니다.

✳ 연습은 실전같이!

듣기 1 다음 중 성모의 발음이 다른 하나를 고르세요.   TRACK 076

(1) Ⓐ   Ⓑ   Ⓒ

(2) Ⓐ   Ⓑ   Ⓒ

듣기 2 다음 중 운모의 발음이 다른 하나를 고르세요.   TRACK 077

(1) Ⓐ   Ⓑ   Ⓒ

(2) Ⓐ   Ⓑ   Ⓒ

읽기 1 발음에 주의하여 읽어 보세요.   TRACK 078

(1)	huáxuěchǎng	xǐshǒujiān	dàxióngmāo
(2)	bàngōngshì	nǚpéngyou	chūzūchē
(3)	chōngdiànqì	yuánzhūbǐ	xiǎnshìqì

읽기 2 다음 문장을 읽어 보세요.

朴银真。
Piáo Yínzhēn.

中国人。
Zhōngguórén.

叫朴银真。
Jiào Piáo Yínzhēn.

是中国人。
Shì Zhōngguórén.

我叫朴银真。
Wǒ jiào Piáo Yínzhēn.

他是中国人。
Tā shì Zhōngguórén.

我姐姐叫朴银真。
Wǒ jiějie jiào Piáo Yínzhēn.

他朋友是中国人。
Tā péngyou shì Zhōngguórén.

 쓰기 1 다음 문장을 중국어로 완성하세요.

(1) 너는 이름이 뭐야? →

(2) 나는 박은진이야. →

(3) 너는 어느 나라 사람이야? →

(4) 나는 한국인이야. →

쓰기 2 알맞은 어순으로 문장을 완성하세요.

(1) 叫 / 名字 / 你弟弟 / 什么 →

(2) 我 / 叫 / 妹妹 / 朴银真 →

(3) 国 / 哪 / 是 / 人 / 老师 →

(4) 是 / 他们 / 中国人 →

좋아하는 것을 물어볼 때는?

영상강의　　원어민MP3

✳ 핵심 주제

- 너는 뭐 하는 거 좋아해?
- 너는 커피 마시는 거 좋아해?

✳ 핵심 어법

- 동사술어문
- 부사 只

A 니 시환 쭈어 선머
你喜欢做什么? 너는 뭐 하는 거 좋아해?
Nǐ xǐhuan zuò shénme?

B 워 시환 칸 띠옌잉
我喜欢看电影。 나는 영화 보는 거 좋아해.
Wǒ xǐhuan kàn diànyǐng.

'喜欢'은 '좋아하다'라는 심리동사로 뒤에 명사 혹은 동사구가 목적어로 올 수 있어요. '什么'는 '무엇'을 묻는 의문대사로 '谁'와 마찬가지로 묻고자 하는 것의 위치에 넣어 주면 되고, 의문조사 '吗'는 붙지 않아요.

A 니 시환 쭈어 선머
你喜欢做什么? 너는 뭐 하는 거 좋아해?
Nǐ xǐhuan zuò shénme?

B 워 시환 윈똥
我喜欢运动。 나는 운동하는 거 좋아해.
Wǒ xǐhuan yùndòng.

WORDS

喜欢 xǐhuan 图 좋아하다
做 zuò 图 ~하다
看 kàn 图 보다
电影 diànyǐng 图 영화
运动 yùndòng
图 운동 图 운동하다
吃 chī 图 먹다
玩儿 wánr 图 놀다
旅行 lǚxíng 图 여행하다
手机 shǒujī 图 핸드폰
牛排 niúpái 图 스테이크

※※

교체연습

주어	+	喜欢	+	동사	+	什么	?
你		喜欢		做		什么	?
				吃			
				看			
				玩儿			

주어	+	喜欢	+	동사	+	(목적어)	。
我		喜欢		运动			。
				旅行			
				玩儿		手机	
				吃		牛排	

※※※

1. 심리동사 앞에 '很 hěn 아주', '非常 fēicháng 매우' 같은 정도부사를 붙일 수 있어요.
· 我们很喜欢打篮球。
Wǒmen hěn xǐhuan dǎ lánqiú.
우리는 농구하는 것을 매우 좋아한다.

2. 부정형은 부정부사를 넣어요.
· 我不喜欢喝酒。
Wǒ bù xǐhuan hē jiǔ.
나는 술 마시는 것을 싫어한다.
· 他不太喜欢爬山。
Tā bú tài xǐhuan páshān.
그는 등산하는 것을 그다지 좋아하지 않는다.

A 你喜欢喝咖啡吗? 너는 커피 마시는 거 좋아해?
니 시환 허 카페이 마
Nǐ xǐhuan hē kāfēi ma?

B 我只喜欢喝美式咖啡。 나는 아메리카노 마시는 것만 좋아해.
워 즈 시환 허 메이스 카페이
Wǒ zhǐ xǐhuan hē měishì kāfēi.

동사술어문도 문장 맨 뒤에 '吗'를 붙여서 의문문을 만들 수 있어요. 동사 앞에 부사 '只'를 붙이면 '다른 것 말고 오로지/~만'이라는 제한의 의미예요.

A 你喜欢听音乐吗? 너는 음악 듣는 거 좋아해?
니 시환 팅 인위에 마
Nǐ xǐhuan tīng yīnyuè ma?

B 我只喜欢听美国音乐。 나는 미국 음악 듣는 것만 좋아해.
워 즈 시환 팅 메이구어 인위에
Wǒ zhǐ xǐhuan tīng Měiguó yīnyuè.

WORDS

喝 hē 图 마시다

咖啡 kāfēi 图 커피

只 zhǐ 图 오직, 단지

美式咖啡 měishì kāfēi
图 아메리카노

听 tīng 图 듣다

音乐 yīnyuè 图 음악

美国 Měiguó 교유 미국

学 xué 图 공부하다, 배우다

水果 shuǐguǒ 图 과일

外语 wàiyǔ 图 외국어

韩国 Hánguó 교유 한국

苹果 píngguǒ 图 사과

교체연습

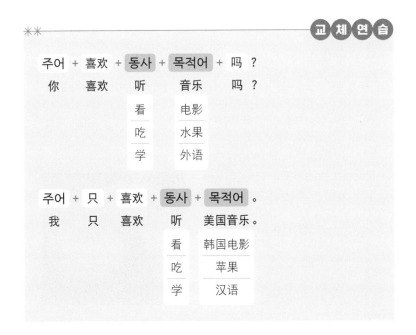

주어	+ 喜欢 +	동사	+ 목적어	+ 吗 ?
你	喜欢	听	音乐	吗 ?
		看	电影	
		吃	水果	
		学	外语	

주어	+ 只 + 喜欢 +	동사	+ 목적어 。
我	只 喜欢	听	美国音乐。
		看	韩国电影
		吃	苹果
		学	汉语

***

'모두, 다'라는 뜻의 범위부사 '都'를 배워 볼게요.

• 韩国人都喜欢金妍儿。
Hánguórén dōu xǐhuan
Jīn Yán'ér.
한국인들은 모두 김연아를 좋아
한다.

• 我们都喜欢拍照。
Wǒmen dōu xǐhuan
pāizhào.
우린 모두 사진 찍는 것을 좋아
한다.

• 他们都不喜欢运动。
Tāmen dōu bù xǐhuan
yùndòng.
그들은 모두 운동하는 것을 싫
어한다.

✳ 회화를 내 것으로!

───── 친구를 만나 무엇을 할지 대화하며

A 你喜欢做什么?
  니 시환 쭈어 션머
  Nǐ xǐhuan zuò shénme?

B 我喜欢看电影。
  워 시환 칸 띠옌잉
  Wǒ xǐhuan kàn diànyǐng.

A 你喜欢喝咖啡吗?
  니 시환 허 카페이 마
  Nǐ xǐhuan hē kāfēi ma?

B 我只喜欢喝美式咖啡。
  워 즈 시환 허 메이스 카페이
  Wǒ zhǐ xǐhuan hē měishì kāfēi.

A 너는 뭐 하는 거 좋아해?

B 나는 영화 보는 거 좋아해.

A 너는 커피 마시는 거 좋아해?

B 나는 아메리카노 마시는 것만 좋아해.

✳ 중국 문화 엿보기 ✳

중국인에게 특별한 차(茶)

중국에는 예로부터 '柴米油盐酱醋茶(chái mǐ yóu yán jiàng cù chá)'라는 말이 전해져 내려옵니다. 이 말은 '장작, 쌀, 기름, 소금, 장, 식초, 차는 중국인들의 생활에서 없어서는 안 될 필수품이다.'라는 뜻입니다. 이처럼 중국인들에게 '차'는 단순히 음료로 목을 축이는 역할을 넘어선 특별한 '무엇'이었습니다. 집에 손님이 방문했을 때는 가장 좋은 차를 대접하여 손님에게 예의를 표하기도 합니다. 게다가 차를 마시는 것은 몸에도 좋아서, 식사 후에 뜨겁고 진한 차를 우려 먹으면 느끼함을 해소해 주고 소화를 돕습니다.

중국의 차는 오래된 역사만큼이나 종류도 다양합니다. 우리는 녹차, 홍차만 알고 있지만, 龙井茶(lóngjǐngchá, 용정차), 普洱茶(pǔ'ěrchá, 보이차) 등 종류만 해도 200여 가지가 넘습니다. 중국에 가면 다양한 차를 마셔 보세요.

xǐ | 喜 喜 喜 喜 喜 喜 喜 喜 喜 喜 喜 喜　　　12획

huān | 欢 欢 欢 欢 欢 欢　　　6획

zuò | 做 做 做 做 做 做 做 做 做 做 做　　　11획

kàn | 看 看 看 看 看 看 看 看 看　　　9획

hē | 喝 喝 喝 喝 喝 喝 喝 喝 喝 喝 喝 喝　　　12획

zhǐ | 只 只 只 只 只　　　5획

✳ 그림보며 **말하기**

아래 각 그림에 맞게 제시된 문형을 참고하여 말해 보세요.

TRACK **084**

(1)

A 你喜欢做什么?
　Nǐ xǐhuan zuò shénme?

B 我喜欢＿＿＿＿＿＿＿＿。
　Wǒ xǐhuan ＿＿＿＿＿＿＿.

(2)

A 你喜欢做什么?
　Nǐ xǐhuan zuò shénme?

B 我喜欢＿＿＿＿＿＿＿＿。
　Wǒ xǐhuan ＿＿＿＿＿＿＿.

(3)

A 你喜欢做什么?
　Nǐ xǐhuan zuò shénme?

B 我只喜欢＿＿＿＿＿＿＿。
　Wǒ zhǐ xǐhuan ＿＿＿＿＿＿.

(4)

A 你喜欢做什么?
　Nǐ xǐhuan zuò shénme?

B 我只喜欢＿＿＿＿＿＿＿。
　Wǒ zhǐ xǐhuan ＿＿＿＿＿＿.

WORDS

电脑 diànnǎo 명 컴퓨터　书 shū 명 책　跑步 pǎobù 동 조깅하다

● 심화 보충 단어 ───────────── TRACK 085

浓缩咖啡 nóngsuō kāfēi 에스프레소	**美式咖啡** měishì kāfēi 아메리카노	**拿铁** nátiě 카페라떼
摩卡 mókǎ 카페모카	**卡布奇诺** kǎbùqínuò 카푸치노	**焦糖玛奇朵** jiāotáng mǎqíduǒ 캐러멜 마키아토
香草拿铁 xiāngcǎo nátiě 바닐라라떼	**经典热巧克力** jīngdiǎn rè qiǎokèlì 핫초코	**绿茶沙冰** lǜchá shābīng 그린티 프라푸치노
芒果汁 mángguǒzhī 망고주스	**奶油** nǎiyóu 생크림	**糖浆** tángjiāng 시럽

● 확장 문형 ───────────── TRACK 086

A **你要多大的?** Nǐ yào duō dà de? 사이즈는 어떻게 드릴까요?

B **一个大的、一个中的、一个小的。**
Yí ge dà de、yí ge zhōng de、yí ge xiǎo de.
하나는 큰 거, 하나는 중간 거, 하나는 작은 거요.

A **你要在这儿喝吗?** Nǐ yào zài zhèr hē ma? 여기서 드시고 가시겠어요?

B **我要带走。** Wǒ yào dài zǒu. 가지고 갈게요.

듣기 1 다음 중 성모의 발음이 다른 하나를 고르세요.　　　　　TRACK 087

(1) Ⓐ　　　　　　　Ⓑ　　　　　　　Ⓒ

(2) Ⓐ　　　　　　　Ⓑ　　　　　　　Ⓒ

듣기 2 다음 중 운모의 발음이 다른 하나를 고르세요.　　　　　TRACK 088

(1) Ⓐ　　　　　　　Ⓑ　　　　　　　Ⓒ

(2) Ⓐ　　　　　　　Ⓑ　　　　　　　Ⓒ

읽기 1 발음에 주의하여 읽어 보세요.　　　　　TRACK 089

(1)

| mǎshàng | shōushi | piàoliang |

(2)

| xiǎoháir | wǎnfàn | lǚxíng |

(3)

| yǔsǎn | xiǎogǒu | xǐshǒu |

다음 문장을 읽어 보세요.

喝咖啡。
Hē kāfēi.

看书。
Kàn shū.

喜欢喝咖啡。
Xǐhuan hē kāfēi.

喜欢看书。
Xǐhuan kàn shū.

妈妈喜欢喝咖啡。
Māma xǐhuan hē kāfēi.

我喜欢看书。
Wǒ xǐhuan kàn shū.

妈妈只喜欢喝咖啡。
Māma zhǐ xǐhuan hē kāfēi.

我喜欢看汉语书。
Wǒ xǐhuan kàn Hànyǔ shū.

妈妈只喜欢喝美式咖啡。
Māma zhǐ xǐhuan hē měishì kāfēi.

我只喜欢看汉语书。
Wǒ zhǐ xǐhuan kàn Hànyǔ shū.

쓰기 1

다음 문장을 중국어로 완성하세요.

(1) 너는 뭐 하는 거 좋아하니? → _____

(2) 나는 영화 보는 거 좋아해. → _____

(3) 너는 커피 마시는 거 좋아해? → _____

(4) 나는 아메리카노 마시는 것만 좋아해. → _____

쓰기 2

알맞은 어순으로 문장을 완성하세요.

(1) 玩儿 / 喜欢 / 什么 / 弟弟 → _____

(2) 喝 / 喜欢 / 老师 / 美式咖啡 → _____

(3) 喜欢 / 吃 / 吗 / 你们 / 水果 → _____

(4) 只 / 韩国电影 / 我 / 看 / 喜欢 → _____

영상강의　원어민MP3

✳ 핵심 주제

• 너는 스마트폰이 있어?

• 네 스마트폰은 어때?

✳ 핵심 어법

• 있다 有

• 의문대사 怎么样

• 구조조사 的

A 니 여우 쯔넝 셔우지 마
你有智能手机吗? 너는 스마트폰이 있어?
Nǐ yǒu zhìnéng shǒujī ma?

B 워 여우 쯔넝 셔우지
我有智能手机。 나는 스마트폰이 있어.
Wǒ yǒu zhìnéng shǒujī.

동사 '有'는 문장에서 '사람/사물'의 소유를 나타낼 수 있어요. 주의할 점은 부정문을 만들 때는 '不'가 아닌 '没 méi'를 붙여서 '没有 méiyǒu'로 나타내요.

A 니 여우 띠엔나오 마
你有电脑吗? 너는 컴퓨터가 있어?
Nǐ yǒu diànnǎo ma?

B 워 여우 띠엔나오
我有电脑。 나는 컴퓨터가 있어.
Wǒ yǒu diànnǎo.

WORDS

有 yǒu 통 있다
智能手机 zhìnéng shǒujī 명 스마트폰
电脑 diànnǎo 명 컴퓨터
雨伞 yǔsǎn 명 우산
感冒药 gǎnmàoyào 명 감기약
信用卡 xìnyòngkǎ 명 신용카드
中国 Zhōngguó 고유 중국
耳机 ěrjī 명 이어폰

교체연습

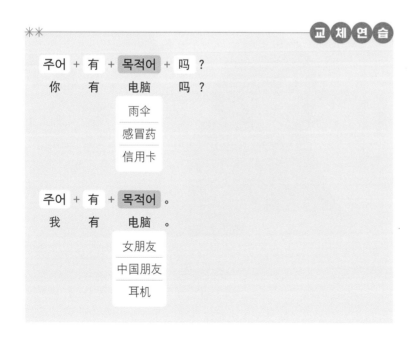

| 주어 | + | 有 | + | 목적어 | + | 吗 | ? |
| 你 | | 有 | | 电脑 | | 吗 | ? |

雨伞
感冒药
信用卡

| 주어 | + | 有 | + | 목적어 | . |
| 我 | | 有 | | 电脑 | . |

女朋友
中国朋友
耳机

***

'有'의 정반의문문
'有'를 정반의문문으로 만들 때는 '不'가 아닌 '没'를 붙여서 '有没有'로 나타내요. 역시 문장 끝에 의문조사 '吗'를 붙이진 않아요. 또 '有'는 '시간/예의/일' 등 추상명사와도 사용할 수 있어요.

• 你明天有没有时间?
  Nǐ míngtiān yǒu méiyǒu shíjiān?
  너는 내일 시간이 있어?

• 你有没有钱?
  Nǐ yǒu méiyǒu qián?
  너는 돈이 있어?

• 他很有礼貌。
  Tā hěn yǒu lǐmào.
  그는 매우 예의가 있다.

• 我有事儿。
  Wǒ yǒu shìr.
  나는 일이 있다.

A 你的智能手机怎么样? 네 스마트폰은 어때?
니 더 쯔넝 셔우지 전머양
Nǐ de zhìnéng shǒujī zěnmeyàng?

B 我的智能手机很实用。 내 스마트폰은 아주 실용적이야.
워 더 쯔넝 셔우지 헌 스용
Wǒ de zhìnéng shǒujī hěn shíyòng.

'날씨가 어때요?/그 사람은 어때요?'에서처럼 말할 때 '어떻다'라는 말을 중국어로 표현할 때는 의문대사 '怎么样'을 사용해요. '谁/什么/哪' 등의 의문대사와는 달리 '怎么样'은 단독으로 술어로 쓸 수 있어요. 또 '나의 컴퓨터/남동생의 생일' 등 '소유/관계/한정'을 나타낼 때는 구조조사 '的'를 명사 앞에 붙여요.(어법 TIP 참고)

A 他的小说怎么样? 그의 소설은 어때?
타 더 시아오슈어 전머양
Tā de xiǎoshuō zěnmeyàng?

B 他的小说很有意思。 그의 소설은 아주 재미있어.
타 더 시아오슈어 헌 여우 이스
Tā de xiǎoshuō hěn yǒu yìsi.

WORDS

的 de 图 ~의
怎么样 zěnmeyàng
의 어때요, 어떠하다
实用 shíyòng 형 실용적이다
小说 xiǎoshuō 명 소설
有意思 yǒu yìsi 형 재미있다
房子 fángzi 명 집
车 chē 명 자동차
贵 guì 형 비싸다
温柔 wēnróu 형 온유하다

✱✱✱

'的'의 용법
1. '소유/소속/관계/한정'을 나타낼 때
• 我的电脑 나의 컴퓨터(소유)
  wǒ de diànnǎo
• 弟弟的生日 남동생의 생일(한정)
  dìdi de shēngrì
2. '대사+명사'의 구조가 '소속/관계'를 나타낼 때는 '的'의 생략이 가능해요.
• 我家 wǒ jiā 나의 집(소속)
• 我哥哥 나의 오빠/형(관계)
  wǒ gēge

'又'의 용법
'又'는 형용사와 함께 [又 + 형용사 + 又 + 형용사]의 병렬 구조로 쓰일 수 있어요.
• 女朋友又高又苗条。
  Nǚpéngyou yòu gāo yòu miáotiao.
  여자 친구는 키가 크고 날씬하다.
• 智能手机又轻又薄。
  Zhìnéng shǒujī yòu qīng yòu báo.
  스마트폰은 가볍고 얇다.

✱✱ 교체연습

주어 + 怎么样 ?

他的小说 怎么样 ?

| 房子 |
| 车 |
| 女朋友 |

주어 + 부사 + 형용사 。

他的小说 很 有意思 。

房子	大
车	贵
女朋友	温柔

회화를 내 것으로!

—— 핸드폰을 바꾸려고 전자상가에 가서 친구의 핸드폰이 어떤지 물으며   TRACK 093 | 094

A   니 여우 쯔넝 셔우지 마
你有智能手机吗?
Nǐ yǒu zhìnéng shǒujī ma?

B   워 여우 쯔넝 셔우지
我有智能手机。
Wǒ yǒu zhìnéng shǒujī.

A   니 더 쯔넝 셔우지 전머양
你的智能手机怎么样?
Nǐ de zhìnéng shǒujī zěnmeyàng?

B   워 더 쯔넝 셔우지 헌 스용
我的智能手机很实用。
Wǒ de zhìnéng shǒujī hěn shíyòng.

A   너는 스마트폰이 있어?

B   나는 스마트폰이 있어.

A   네 스마트폰은 어때?

B   내 스마트폰은 아주 실용적이야.

✳ 중국 문화 엿보기 ✳

핸드폰 개통

중국으로 여행을 갈 경우에는 핸드폰을 구입할 필요가 없지만, 중국에서 오래 생활할 계획이라면 중국 유심칩을 구입하여 호환해서 한국 핸드폰을 그대로 쓰거나, 중국에서 새로 핸드폰을 구입하는 방법이 있습니다.

중국의 3대 이동 통신사는 China Mobile(中国移动 Zhōngguó Yídòng), China Telecom(中国电信 Zhōngguó Diànxìn), China Unicom(中国联通 Zhōngguó Liántōng)이 있는데, 이 중 China Mobile(中国移动)은 중국 내 1위 이동 통신사로 세계 최대 가입자를 보유하고 있습니다.

중국에서는 핸드폰을 개통할 경우 한국과 가장 크게 다른 전화번호 구입과 선불 요금제 방식을 꼭 알아두어야 합니다. 비록 선불 요금제이지만, 원하는 가격만큼 수시로 남은 금액을 확인하고 충전할 수 있으므로 상황에 맞게 이용하는 것이 효과적이어서 중국을 여행하는 사람들에게도 효과적입니다.

有 有
yǒu | 有有有有有有　6획

的 的
de | 的的的的的的的的　8획

机 机
jī | 机机机机机机　6획

怎 怎
zěn | 怎怎怎怎怎怎怎怎怎　9획

实 实
shí | 实实实实实实实实　8획

用 用
yòng | 用用用用用　5획

 **그림보며 말하기**

아래 각 그림에 맞게 제시된 문형을 참고하여 말해 보세요.

(1)

A 你有＿＿＿＿＿＿吗?

Nǐ yǒu ＿＿＿＿＿＿ ma?

B 我有＿＿＿＿＿＿。

Wǒ yǒu ＿＿＿＿＿＿.

(2)

A 你有＿＿＿＿＿＿吗?

Nǐ yǒu ＿＿＿＿＿＿ ma?

B 我有＿＿＿＿＿＿。

Wǒ yǒu ＿＿＿＿＿＿.

(3)

A 你的＿＿＿＿＿＿怎么样?

Nǐ de ＿＿＿＿＿＿ zěnmeyàng?

B 我的＿＿＿＿＿＿很实用。

Wǒ de ＿＿＿＿＿＿ hěn shíyòng.

(4)

A 你的＿＿＿＿＿＿怎么样?

Nǐ de ＿＿＿＿＿＿ zěnmeyàng?

B 我的＿＿＿＿＿＿很实用。

Wǒ de ＿＿＿＿＿＿ hěn shíyòng.

WORDS

笔记本电脑 bǐjìběn diànnǎo 몡 노트북　　自行车 zìxíngchē 몡 자전거

✳  확장 문형 배우기

● 심화 보충 단어 ─────────────────────────── TRACK **096**

红色 hóngsè 빨간색	橘色 júsè 주황색	黄色 huángsè 노란색
绿色 lǜsè 녹색	蓝色 lánsè 파란색	紫色 zǐsè 보라색
白色 báisè 흰색	黑色 hēisè 검은색	粉红色 fěnhóngsè 분홍색
金色 jīnsè 금색	银色 yínsè 은색	灰色 huīsè 회색

● 확장 문형 ─────────────────────────── TRACK **097**

✳ 핸드폰을 소개하는 표현들

A 这个手机有几种颜色? 이 핸드폰은 몇 가지 색깔이 있나요?
   Zhè ge shǒujī yǒu jǐ zhǒng yánsè?

B 有银白色、白色、黑色三种。 은백색, 흰색, 검은색 세 가지가 있습니다.
   Yǒu yínbáisè、báisè、hēisè sān zhǒng.

A 智能手机有什么功能? 스마트폰에는 어떤 기능이 있습니까?
   Zhìnéng shǒujī yǒu shénme gōngnéng?

B 录音、上网、闹铃等等。 녹음, 인터넷, 알람 등이 있습니다.
   Lùyīn、shàngwǎng、nàolíng děngděng.

연습은 실전같이!

듣기 1 다음 중 성모의 발음이 다른 하나를 고르세요.　　　TRACK 098

(1) Ⓐ　　　　　　　Ⓑ　　　　　　　Ⓒ

(2) Ⓐ　　　　　　　Ⓑ　　　　　　　Ⓒ

듣기 2 다음 중 운모의 발음이 다른 하나를 고르세요.　　　TRACK 099

(1) Ⓐ　　　　　　　Ⓑ　　　　　　　Ⓒ

(2) Ⓐ　　　　　　　Ⓑ　　　　　　　Ⓒ

읽기 1 발음에 주의하여 읽어 보세요.　　　TRACK 100

(1)

| bǐjìběn | zhào jìngzi | dǎyìnjī |

(2)

| diànshìjù | xǐyījī | yùndòngfú |

(3)

| yáokòngqì | mótuōchē | yángwáwa |

다음 문장을 읽어 보세요.

智能手机。
Zhìnéng shǒujī.

有智能手机。
Yǒu zhìnéng shǒujī.

朋友有智能手机。
Péngyou yǒu zhìnéng shǒujī.

男朋友有智能手机。
Nánpéngyou yǒu zhìnéng shǒujī.

我男朋友有智能手机。
Wǒ nánpéngyou yǒu zhìnéng shǒujī.

实用。
Shíyòng.

很实用。
Hěn shíyòng.

电脑很实用。
Diànnǎo hěn shíyòng.

笔记本电脑很实用。
Bǐjìběn diànnǎo hěn shíyòng.

我的笔记本电脑很实用。
Wǒ de bǐjìběn diànnǎo hěn shíyòng.

쓰기 1

다음 문장을 중국어로 완성하세요.

(1) 너는 스마트폰이 있어? → _____

(2) 나는 스마트폰이 있어. → _____

(3) 네 스마트폰은 어때? → _____

(4) 내 스마트폰은 아주 실용적이야. → _____

쓰기 2

알맞은 어순으로 문장을 완성하세요.

(1) 朋友 / 吗 / 自行车 / 有 / 你 → _____

(2) 没有 / 车 / 妹妹 / 我 → _____

(3) 怎么样 / 你 / 房子 / 的 → _____

(4) 有意思 / 很 / 电影 → _____

UNIT
07 가족을 물어볼 때는?

영상강의　원어민MP3

我有一个姐姐。
Wǒ yǒu yí ge jiějie.

你有没有姐姐?
Nǐ yǒu méiyǒu jiějie?

✳ **핵심 주제**
- 너는 언니가 있어?
- 너희 집은 몇 식구야?

✳ **핵심 어법**
- 숫자 0~10 까지와 양사
- 의문대사 几

A 니 여우 메이여우 지에지에
你有没有姐姐? 너는 언니가 있어?
Nǐ yǒu méiyǒu jiějie?

B 워 여우 이 거 지에지에
我有一个姐姐。 나는 언니가 한 명 있어.
Wǒ yǒu yí ge jiějie.

중국어의 숫자는 한 음절이기 때문에 쉽게 기억할 수 있어요. 또 숫자와 명사가 함께 올 때는 반드시 명사를 세는 단위(예를 들면 권, 마리, 자루, 개 등)인 양사 (量词)와 함께 쓰여요.(숫자는 어법 TIP 참고)

니 여우 메이여우 띠디
A 你有没有弟弟? 너는 남동생이 있어?
Nǐ yǒu méiyǒu dìdi?

워 여우 량 거 띠디
B 我有两个弟弟。 나는 남동생이 두 명 있어.
Wǒ yǒu liǎng ge dìdi.

WORDS

没有 méiyǒu 동 없다
一 yī 수 1, 일, 하나
个 gè 양 개, 명
两 liǎng 수 2, 이, 둘
订书机 dìngshūjī 명 호치키스
眼镜布 yǎnjìngbù 명 안경닦이
护手霜 hùshǒushuāng
명 핸드크림
三 sān 수 3, 삼, 셋
本子 běnzi 명 노트

✳✳ ──────────── 교체연습

주어	+ 有没有 +	목적어	?
你	有没有	弟弟	?
		订书机	
		眼镜布	
		护手霜	

주어	+ 有 +	숫자	+ 양사	+ 목적어	。
我	有	两	个	弟弟	。
		一	个	智能手机	
		三	个	中国朋友	
		两	个	本子	

✳✳✳

0부터 10까지 숫자 배우기

0	零	líng
1	一	yī
2	二	èr
3	三	sān
4	四	sì
5	五	wǔ
6	六	liù
7	七	qī
8	八	bā
9	九	jiǔ
10	十	shí

두 자리 이상은 한국어처럼 순서대로 말하면 돼요.
• 63 六十三 liùshísān 육십삼
• 12 十二 shí'èr 십이
• 52 五十二 wǔshí'èr 오십이

A 니 지아 여우 지 커우 런
你家有几口人? 너희 집은 몇 식구야?
Nǐ jiā yǒu jǐ kǒu rén?

B 워 지아 여우 쓰 커우 런
我家有四口人。 우리 집은 네 식구야.
Wǒ jiā yǒu sì kǒu rén.

개수를 물어볼 때는 숫자 자리에 의문대사 '几'를 사용해서 물어요. 이번에는 여러 가지 양사 '位 wèi 분/只 zhī 마리/瓶 píng 병/杯 bēi 잔/双 shuāng 켤레' 등도 함께 배워 볼게요.

A 라오스 지아 여우 지 커우 런
老师家有几口人? 선생님 집은 몇 식구예요?
Lǎoshī jiā yǒu jǐ kǒu rén?

B 라오스 지아 여우 우 커우 런
老师家有五口人。 선생님 집은 다섯 식구예요.
Lǎoshī jiā yǒu wǔ kǒu rén.

WORDS

几 jǐ 의 몇
口 kǒu 명 명, 식구 (식구 수를 세는 단위)
只 zhī 양 마리 (동물을 세는 단위)
位 wèi 양 분, 명 (사람을 세는 단위)
瓶 píng 양 병
小狗 xiǎogǒu 명 강아지
可乐 kělè 명 콜라

★★★

우리나라에도 숫자 2는 '이, 둘'이라고 사용하죠? 중국어도 마찬가지로 '二, 两'을 사용하는데, 양사 앞에서 2는 '二'이 아닌 '两'을 사용해요.

• 자주 쓰는 양사의 종류

两支铅笔 두 자루의 연필
liǎng zhī qiānbǐ

两副耳环 두 쌍의 귀걸이
liǎng fù ěrhuán

两瓶啤酒 두 병의 맥주
liǎng píng píjiǔ

两双鞋 두 켤레의 신발
liǎng shuāng xié

两件衣服 두 벌의 옷
liǎng jiàn yīfu

两杯茶 두 잔의 차
liǎng bēi chá

교체연습

주어	+ 有 +	几	+ 양사	+ 목적어 ?
老师家	有	几	口	人 ？
他家				
你女朋友家				
你同学家				

주어	+ 有 +	숫자	+ 양사	+ 목적어 。
老师家	有	五	口	人 。
我		两	只	小狗
我		一	位	汉语老师
我		一	瓶	可乐

—— 친구 집에 놀러 가는 길에 친구의 가족에 대해 물어보며　　　　TRACK 104 | 105

A
니 여우 메이여우 지에지에
你有没有姐姐?
Nǐ yǒu méiyǒu jiějie?

B
워 여우 이 거 지에지에
我有一个姐姐。
Wǒ yǒu yí ge jiějie.

A
니 지아 여우 지 커우 런
你家有几口人?
Nǐ jiā yǒu jǐ kǒu rén?

B
워 지아 여우 쓰 커우 런
我家有四口人。
Wǒ jiā yǒu sì kǒu rén.

A 너는 언니가 있어?
B 나는 언니가 한 명 있어.
A 너희 집은 몇 식구야?
B 우리 집은 네 식구야.

✳ 중국 문화 엿보기 ✳

중국의 산아 제한 정책

'중국의 소황제(小皇帝)'라고 들어본 적이 있습니까? 중국의 소황제는 부모님의 사랑을 독차지하고 자란 외동딸 혹은 외동아들을 일컫는 말입니다. 1983년 중국 정부가 산아 제한 정책을 시행하면서 한 가정에 한 명의 자녀만 낳아서 기를 수 있었습니다.

전과 달리 집안에 자녀가 귀해지면서 부모들이 아이를 황제 대하듯 하며, 사랑과 관심을 쏟았습니다. 그래서인지 간혹 버릇없는 아이나, 형제자매가 없어 외로움을 느끼는 아이들이 생기기도 했습니다. 하지만 시간이 흘러 중국도 우리나라처럼 낮은 출산율이 국가 문제로 대두되면서 산아 제한 정책이 완화되었습니다. 1990년대 후반부터는 부부가 둘 다 외동이면 둘째를 허용하는 정책이 시행되다가 2013년부터는 부부 중 한 명만 외동이어도 자녀 둘을 낳을 수 있는 정책으로, 2016년부터는 모든 가정에 자녀 둘을 허용하는 정책이 시행되어, 지금은 4가족 구성을 많이 볼 수 있습니다.

没 没
méi | 没没没没没没没　7획

姐 姐
jiě | 姐姐姐姐姐姐姐　8획

个 个
gè | 个个个　3획

家 家
jiā | 家家家家家家家家家家　10획

几 几
jǐ | 几几　2획

狗 狗
gǒu | 狗狗狗狗狗狗狗狗　8획

※  그림보며 **말하기**

아래 각 그림에 맞게 제시된 문형을 참고하여 말해 보세요.

TRACK 106

(1)

A 你有没有＿＿＿＿＿＿＿＿？

　Nǐ yǒu méiyǒu ＿＿＿＿＿＿＿？

B 我有＿＿＿＿＿＿＿。

　Wǒ yǒu ＿＿＿＿＿＿.

(2)

A 你有没有＿＿＿＿＿＿＿＿？

　Nǐ yǒu méiyǒu ＿＿＿＿＿＿＿？

B 我有＿＿＿＿＿＿＿。

　Wǒ yǒu ＿＿＿＿＿＿.

(3)

A 你家有几口人？
　Nǐ jiā yǒu jǐ kǒu rén?

B 我家有＿＿＿＿＿＿＿。

　Wǒ jiā yǒu ＿＿＿＿＿＿.

(4)

A 你家有几口人？
　Nǐ jiā yǒu jǐ kǒu rén?

B 我家有＿＿＿＿＿＿＿。

　Wǒ jiā yǒu ＿＿＿＿＿＿.

 **확장 문형** 배우기

● 손가락 숫자 표현 ───────────────────────

一 yī 일

二 èr 이

三 sān 삼

四 sì 사

五 wǔ 오

六 liù 육

七 qī 칠

八 bā 팔

九 jiǔ 구

十 shí 십

 **연습**은 실전같이!

듣기 1 녹음을 듣고 일치하는 그림을 보기에서 고르세요. TRACK 108

(1) Ⓐ   Ⓑ   Ⓒ

(2) Ⓐ  Ⓑ  Ⓒ

듣기 2 녹음을 듣고 일치하는 단어를 보기에서 고르세요. TRACK 109

(1) Ⓐ 爸爸 Ⓑ 哥哥 Ⓒ 弟弟

(2) Ⓐ 小猫 Ⓑ 小狗 Ⓒ 苹果

읽기 1 발음에 주의하여 읽어 보세요. TRACK 110

(1)

妈妈	姐姐	妹妹
māma	jiějie	mèimei

(2)

本子	电脑	信用卡
běnzi	diànnǎo	xìnyòngkǎ

(3)

手机	雨伞	智能手机
shǒujī	yǔsǎn	zhìnéng shǒujī

읽기 2

다음 문장을 읽어 보세요.

本子。
Běnzi.

一个本子。
Yí ge běnzi.

有一个本子。
Yǒu yí ge běnzi.

我有一个本子。
Wǒ yǒu yí ge běnzi.

我朋友有一个本子。
Wǒ péngyou yǒu yí ge běnzi.

两口人。
Liǎng kǒu rén.

有两口人。
Yǒu liǎng kǒu rén.

姐姐家有两口人。
Jiějie jiā yǒu liǎng kǒu rén.

我姐姐家有两口人。
Wǒ jiějie jiā yǒu liǎng kǒu rén.

쓰기 1

다음 문장을 중국어로 완성하세요.

(1) 나는 언니가 한 명 있어. → _____

(2) 너희 집은 몇 식구야? → _____

(3) 너는 언니가 있어? → _____

(4) 우리 집은 네 식구야. → _____

쓰기 2

알맞은 어순으로 문장을 완성하세요.

(1) 爸爸 / 信用卡 / 有没有 / 你 → _____

(2) 人 / 男朋友家 / 三口 / 有 → _____

(3) 弟弟 / 我 / 女朋友 / 有 → _____

(4) 小狗 / 有 / 朋友家 / 一只 → _____

나이를 물어볼 때는?

회화의 토대는 **어법**

A
니 진니엔 뚜어 따
你今年多大? 너는 올해 몇 살이니?
Nǐ jīnnián duō dà?

B
워 진니엔 얼스싼 쑤에이
我今年23岁。 저는 올해 23살이에요.
Wǒ jīnnián èrshísān suì.

의문부사 '多'를 형용사 앞에 붙여 '나이(大)/키(高)/무게(重)/거리(远)' 등을 물을 수 있어요. 대답할 때 숫자 뒤에 단위는 '岁/米/公斤'을 붙여서 대답할 수 있어요. 또, 이때 동사 '是'를 생략하고 대답할 수 있어요.

니 꺼거 뚜어 따
A 你哥哥多大? 너희 오빠는 몇 살이야?
Nǐ gēge duō dà?

워 꺼거 얼스빠 쑤에이
B 我哥哥28岁。 우리 오빠는 28살이야.
Wǒ gēge èrshíbā suì.

WORDS

今年 jīnnián 몡 올해

多 duō 뮈 (형용사 앞에 붙여서)
얼마나 ㆆ 많다

岁 suì 몡 세, 살 (나이)

重 zhòng ㆆ 무겁다

公斤 gōngjīn 얭 킬로그램(kg)

米 mǐ 얭 미터(m)

★★ ────────────── 교체연습

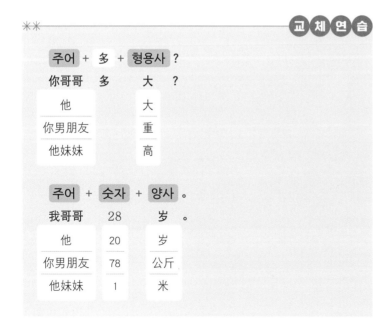

주어	+	多	+	형용사	?
你哥哥		多		大	?
他				大	
你男朋友				重	
他妹妹				高	

주어	+	숫자	+	양사	。
我哥哥		28		岁	。
他		20		岁	
你男朋友		78		公斤	
他妹妹		1		米	

★★★

나이를 묻는 표현

1. 어른들에게 연세를 물을 때는?

• 您今年多大年纪?
Nín jīnnián duō dà niánjì?

• 您今年多大岁数?
Nín jīnnián duō dà suìshù?

• 您贵庚? Nín guì gēng?
올해 연세가 어떻게 되세요?

2. 10살 미만의 어린이에게는?

• 你今年几岁?
Nǐ jīnnián jǐ suì?
너는 올해 몇 살이니?

신장(키)을 말하는 방법

• 一米八八 1m 88cm
yī mǐ bā bā

• 一米六五 yī mǐ liù wǔ 1m 65cm

• 一米七 yī mǐ qī 1m 70cm

• 一米八 yī mǐ bā 1m 80cm
※ 마지막 0은 읽지 않아요

니　　슈　　선머
Ⓐ **你属什么?**　너는 무슨 띠니?
Nǐ shǔ shénme?

워　　슈　　거우
Ⓑ **我属狗。**　저는 개띠예요.
Wǒ shǔ gǒu.

나이를 물을 때 띠를 함께 물어보거나 나이 대신 띠를 물어보기도 합니다.
띠를 묻거나 대답할 때는 '~에 속하다'는 의미의 동사 '属'를 사용해요.

니　아이런　슈　선머
A **你爱人属什么?**　당신의 아내는 무슨 띠예요?
Nǐ àiren shǔ shénme?

워　아이런　　슈　쥬
B **我爱人属猪。**　제 아내는 돼지띠예요.
Wǒ àiren shǔ zhū.

WORDS

属 shǔ 통 ~띠이다
狗 gǒu 명 개
爱人 àiren 명 남편 또는 아내
猪 zhū 명 돼지
同屋 tóngwū 명 룸메이트
羊 yáng 명 양
龙 lóng 명 용
兔 tù 명 토끼

✱✱✱
'好'의 특별한 용법
1. '好'는 감각동사 앞에 쓰여
 '좋다, 마음에 든다'는 의미
 로 사용해요.
 • 好吃 hǎochī (먹어서) 맛있다
 • 好看 hǎokàn 보기 좋다
 • 好喝 hǎohē (마셔서) 맛있다
 • 好听 hǎotīng 듣기 좋다

2. 동작동사 앞에 붙여 '쉽다,
 편리하다'는 의미로도 사용
 해요.
 • 汉语很好学。
 Hànyǔ hěn hǎoxué.
 중국어는 배우기 쉽다.
 • 票很好买。
 Piào hěn hǎomǎi.
 표를 사기 쉽다.
 • 汉字不好写。
 Hànzì bù hǎoxiě.
 한자는 쓰기 쉽지 않다.
 • 法语不好说。
 Fǎyǔ bù hǎoshuō.
 프랑스어는 말하기 쉽지 않다.

교체연습

주어 + 属什么 ?
你爱人　属什么 ?
你爸爸
你同屋
老师

주어 + 属 + 12간지 。
我爱人　属　猪　。
羊
龙
兔

✳ 🐶 회화를 내 것으로!

──── 수업 첫날, 강의실에서 선생님이 학생들의 나이를 물어보며

A 你今年多大?
니 진니엔 뚜어 따
Nǐ jīnnián duō dà?

B 我今年23岁。
워 진니엔 얼스싼 쑤에이
Wǒ jīnnián èrshísān suì.

A 你属什么?
니 슈 션머
Nǐ shǔ shénme?

B 我属狗。
워 슈 거우
Wǒ shǔ gǒu.

✳ 중국 문화 엿보기 ✳

12간지 관련 풍습

우리나라와 마찬가지로 중국에도 12간지(띠)와 관련해 많은 이야기가 있습니다. 그 가운데 재미있는 중국의 오랜 풍습 하나를 소개해 드립니다. 본인의 띠와 맞이하는 해의 띠가 같을 경우(예: 양띠 탄생 → 2015년 양띠 해) 불행한 일이 일어날 수 있다고 생각합니다. 불행한 일을 예방하기 위해 어른들과 아이들은 몸에 붉은색을 착용합니다. 예를 들면 붉은색 속옷을 입거나, 붉은색 장신구를 함으로써 나쁜 일이나 사고로부터 자신과 가정을 보호하고 무탈하게 한 해를 보낼 수 있다고 믿습니다.

'宁可信其有，不可信其无。(Nìngkě xìn qí yǒu, bù kě xìn qí wú.)'는 '그럴 것이라고 믿는 편이 낫다'라는 뜻으로, 단정 지을 수 없거나 잘 모르는 일에 대해서 차라리 그것의 존재나 소문을 소홀히 하기

보다는 믿는 편이 더 낫다는 의미가 있습니다. 중국인들은 설사 미신이라 할지언정 붉은색 물건을 몸에 지니는 편이 낫다는 인식이 있어 요즘도 설 전에는 상가에 붉은색 물건들로 넘쳐난답니다.

A 너는 올해 몇 살이니?

B 저는 올해 23살이에요.

A 너는 무슨 띠니?

B 저는 개띠예요.

今 | 今 | | | | |

jīn | 今 今 今 今 | 4획

年 | 年 | | | | |

nián | 年 年 年 年 年 年 | 6획

多 | 多 | | | | |

duō | 多 多 多 多 多 多 | 6획

大 | 大 | | | | |

dà | 大 大 大 | 3획

岁 | 岁 | | | | |

suì | 岁 岁 岁 岁 岁 岁 | 6획

属 | 属 | | | | |

shǔ | 属 属 属 属 属 属 属 属 属 属 属 属 | 12획

 그림보며 **말하기**

아래 각 그림에 맞게 제시된 문형을 참고하여 말해 보세요.

TRACK **116**

(1)

12세

A 你多大?
　Nǐ duō dà?

B 我＿＿＿＿＿岁。

　Wǒ ＿＿＿＿＿ suì.

(2)

27세

A 你多大?
　Nǐ duō dà?

B 我＿＿＿＿＿岁。

　Wǒ ＿＿＿＿＿ suì.

(3)

A 你属什么?
　Nǐ shǔ shénme?

B 我属＿＿＿＿＿。

　Wǒ shǔ ＿＿＿＿＿.

(4)

A 你属什么?
　Nǐ shǔ shénme?

B 我属＿＿＿＿＿。

　Wǒ shǔ ＿＿＿＿＿.

확장 문형 배우기

● 심화 보충 단어 TRACK 117

鼠 shǔ 쥐	牛 niú 소	虎 hǔ 호랑이
兔 tù 토끼	龙 lóng 용	蛇 shé 뱀
马 mǎ 말	羊 yáng 양	猴 hóu 원숭이
鸡 jī 닭	狗 gǒu 개	猪 zhū 돼지

● 확장 문형 TRACK 118

A 你是哪年出生的? 당신은 몇 년생입니까?
Nǐ shì nǎ nián chūshēng de?

B 我是1984年出生的。 저는 1984년생입니다.
Wǒ shì yī jiǔ bā sì nián chūshēng de.

你呢? 당신은요?
Nǐ ne?

A 这是秘密，反正比你大。 비밀이에요. 어쨌든 당신보다는 많습니다.
Zhè shì mìmì, fǎnzhèng bǐ nǐ dà.

 **연습**은 실전같이!

듣기 1 녹음을 듣고 일치하는 그림을 보기에서 고르세요.　　　　　TRACK 119

(1) Ⓐ 　8세　　　Ⓑ 　52세　　　Ⓒ 　21세

(2) Ⓐ 　　　Ⓑ 　　　Ⓒ

듣기 2 녹음을 듣고 일치하는 단어를 보기에서 고르세요.　　　　　TRACK 120

(1)　Ⓐ 猪　　　　　　Ⓑ 龙　　　　　　Ⓒ 羊

(2)　Ⓐ 8岁　　　　　Ⓑ 6岁　　　　　Ⓒ 9岁

읽기 1 발음에 주의하여 읽어 보세요.　　　　　TRACK 121

(1)
爱人	同事	老师
àiren	tóngshì	lǎoshī

(2)
属鼠	属马	属虎
shǔ shǔ	shǔ mǎ	shǔ hǔ

(3)
电影	苹果	运动
diànyǐng	píngguǒ	yùndòng

다음 문장을 읽어 보세요.

19。 Shíjiǔ.	猪。 Zhū.
19岁。 Shíjiǔ suì.	属猪。 Shǔ zhū.
弟弟19岁。 Dìdi shíjiǔ suì.	哥哥属猪。 Gēge shǔ zhū.
他弟弟19岁。 Tā dìdi shíjiǔ suì.	我哥哥属猪。 Wǒ gēge shǔ zhū.

쓰기 1

다음 문장을 중국어로 완성하세요.

(1) 너는 무슨 띠야? →

(2) 나는 개띠야. →

(3) 너는 올해 몇 살이야? →

(4) 나는 올해 23살이야. →

쓰기 2

알맞은 어순으로 문장을 완성하세요.

(1) 弟弟 / 岁 / 我 / 18 →

(2) 女朋友 / 属 / 什么 / 你 →

(3) 今年 / 我 / 岁 / 21 →

(4) 兔 / 妈妈 / 属 / 我 →

시간을 물어볼 때는?

现在差十分五点。
Xiànzài chà shí fēn wǔ diǎn.

现在五点吗?
Xiànzài wǔ diǎn ma?

영상강의   원어민MP3

⁂ 핵심 주제

✳ 핵심 주제

• 지금 5시야?
• 너는 몇 시에 퇴근해?

✳ 핵심 어법

• 명사술어문
• 시간 관련 용어

회화의 토대는 **어법**

TRACK 123 팟캐스트 듣기

A 시엔짜이 우 디엔 마
现在五点吗? 지금 5시야?
Xiànzài wǔ diǎn ma?

B 시엔짜이 차 스 펀 우 디엔
现在差十分五点。 지금 5시 10분 전이야.
Xiànzài chà shí fēn wǔ diǎn.

시간을 말할 때는 큰 단위부터 차례대로 말해요. 단위는 '/'을 사용하고, 앞에서 배웠던 숫자를 동일하게 사용해요. 주의할 점은 '두 시'는 'liǎng diǎn'으로 말하고, 15분은 'yí kè', 45분은 'sān kè'라고 말할 수 있어요. 그리고 30분은 우리말처럼 '반(bàn)'이라고 말할 수 있어요. '差+○○分+○○点'은 '몇 시 몇 분 전'이라는 표현이에요.

WORDS

点 diǎn 양 시, 시각
差 chà 통 부족하다, 모자라다
分 fēn 양 분(시간)

A 시엔짜이 량 디엔 마
现在两点吗? 지금 2시야?
Xiànzài liǎng diǎn ma?

B 시엔짜이 차 우 펀 량 디엔
现在差五分两点。 지금 2시 5분 전이야.
Xiànzài chà wǔ fēn liǎng diǎn.

※※ 교체연습

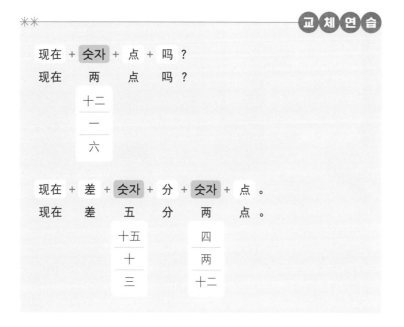

现在 + 숫자 + 点 + 吗 ?
现在　　两　　　点　吗 ?

| 十二 |
| 一 |
| 六 |

现在 + 差 + 숫자 + 分 + 숫자 + 点 。
现在　差　五　分　两　点 。

十五	四
十	两
三	十二

※※※

여러 가지 시간 표현 방법①

- 一刻 yí kè 15분
- 三刻 sān kè 45분
- 半 bàn 30분
※ 이 표현 뒤에는 '분(分)'이 붙지 않아요.

- 现在三点二十分。
  Xiànzài sān diǎn èrshí fēn.
  지금은 3시 20분이다.

- 现在差一刻八点。
  Xiànzài chà yí kè bā diǎn.
  지금은 8시 15분 전이다.

- 现在两点三刻。
  Xiànzài liǎng diǎn sān kè.
  지금은 2시 45분이다.

- 现在五点一刻。
  Xiànzài wǔ diǎn yí kè.
  지금은 5시 15분이다.

A 你几点下班? 너는 몇 시에 퇴근해?
니 지 디엔 시아빤
Nǐ jǐ diǎn xiàbān?

B 我六点半下班。 나는 6시 반에 퇴근해.
워 리우 디엔 빤 시아빤
Wǒ liù diǎn bàn xiàbān.

시간을 물어볼 때는 '几点'을 사용해요. 이번에는 동사 앞에 시간을 써서 몇 시에 어떤 동작을 하는지 묻고 대답하는 표현을 같이 배워 볼게요.

A 你几点上班? 너는 몇 시에 출근해?
니 지 디엔 상빤
Nǐ jǐ diǎn shàngbān?

B 我八点十分上班。 나는 8시 10분에 출근해.
워 빠 디엔 스 펀 상빤
Wǒ bā diǎn shí fēn shàngbān.

WORDS

下班 xiàbān 통 퇴근하다
半 bàn 수 절반, 반
上班 shàngbān 통 출근하다
吃饭 chīfàn 통 식사하다
起床 qǐchuáng 통 기상하다
上课 shàngkè 통 수업하다
下课 xiàkè 통 수업을 마치다
睡觉 shuìjiào 통 (잠을) 자다

✳✳✳
여러 가지 시간 표현 방법②

1. 1분~9분은 숫자 앞에 '0(零 líng)'을 붙여야 해요.
• 零一分 líng yī fēn 1분
• 零二分 líng èr fēn 2분
• 零三分 líng sān fēn 3분
• 零四分 líng sì fēn 4분
• 零五分 líng wǔ fēn 5분
• 零六分 líng liù fēn 6분
• 零七分 líng qī fēn 7분
• 零八分 líng bā fēn 8분
• 零九分 líng jiǔ fēn 9분
• A 现在几点?
  Xiànzài jǐ diǎn?
  지금 몇 시야?
  B 现在三点零五分。
  Xiànzài sān diǎn líng wǔ fēn.
  지금은 3시 5분이야.

2. 그럼 "지금 2시 2분이야."는 어떻게 말할까요?
• 现在两点零二分。
  Xiànzài liǎng diǎn líng èr fēn.

✳✳

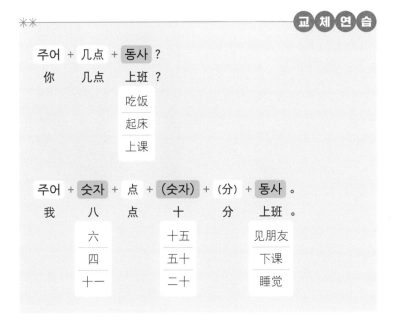

교체연습

주어	+	几点	+	동사	?
你		几点		上班	?
				吃饭	
				起床	
				上课	

주어	+	숫자	+	点	+	(숫자)	+	(分)	+	동사	。
我		八		点		十		分		上班	。
		六				十五				见朋友	
		四				五十				下课	
		十一				二十				睡觉	

회화를 내 것으로!

── 사무실에서 일을 하던 두 사람이 퇴근 시간을 기다리며

TRACK 125 | **126**

A 現在五点吗?
시엔짜이 우 디엔 마
Xiànzài wǔ diǎn ma?

B 現在差十分五点。
시엔짜이 차 스 펀 우 디엔
Xiànzài chà shí fēn wǔ diǎn.

A 你几点下班?
니 지 디엔 시아빤
Nǐ jǐ diǎn xiàbān?

B 我六点半下班。
워 리우 디엔 빤 시아빤
Wǒ liù diǎn bàn xiàbān.

A 지금 5시야?

B 지금 5시 10분 전이야.

A 너는 몇 시에 퇴근해?

B 나는 6시 반에 퇴근해.

✳ 중국 문화 엿보기 ✳

알아두면 쓸데 있는 영화

80년대는 홍콩 영화의 전성기라고 해도 과언이 아닙니다. 이 시기에 '류덕화(刘德华), 양조위(梁朝伟), 왕조현(王祖贤), 주성치(周星驰), 성룡(成龙)' 등과 같은 유명 배우들과 감독, 우수한 작품이 탄생했습니다. 그 중 유명한 스타인 주윤발(周润发)을 언급하지 않을 수 없습니다. 《상하이탄(上海滩)》, 《영웅본색(英雄本色)》에서 보인 '영웅'의 모습은 많은 사람들에게 깊은 인상을 심어 주었고, 아직까지도 많은 사람

의 기억 속에 남아 있습니다. 요즘은 홍콩 영화뿐만 아니라 중국 본토의 영화 산업이 발전하면서, 장쯔이(章子怡), 판빙빙(范冰冰), 탕웨이(汤唯) 등 많은 배우가 전 세계적으로 사랑 받고 있습니다. 한국에서 많은 사랑을 받은 《패왕별희(霸王别姬)》, 《말할 수 없는 비밀(不能说的秘密)》, 《당산대지진(唐山大地震)》, 《최면술사(催眠大师)》 등 중화권 영화를 한 번쯤 감상하기를 추천합니다.

点
点
diǎn ｜ 点 点 点 点 点 点 点 点 点　9획

差
差
chà ｜ 差 差 差 差 差 差 差 差　9획

分
分
fēn ｜ 分 分 分 分　4획

班
班
bān ｜ 班 班 班 班 班 班 班 班 班 班　10획

半
半
bàn ｜ 半 半 半 半 半　5획

吃
吃
chī ｜ 吃 吃 吃 吃 吃 吃　6획

아래 각 그림에 맞게 제시된 문형을 참고하여 말해 보세요. TRACK **127**

(1)

A 现在几点?

　　Xiànzài jǐ diǎn?

B 现在差＿＿＿＿＿＿＿＿。

　　Xiànzài chà ＿＿＿＿＿＿＿＿.

(2)

A 现在几点?

　　Xiànzài jǐ diǎn?

B 现在差＿＿＿＿＿＿＿＿。

　　Xiànzài chà ＿＿＿＿＿＿＿＿.

(3)

A 你几点＿＿＿＿＿＿＿＿?

　　Nǐ jǐ diǎn ＿＿＿＿＿＿＿＿?

B 我＿＿＿＿＿＿＿＿。

　　Wǒ ＿＿＿＿＿＿＿＿.

(4)

A 你几点＿＿＿＿＿＿＿＿?

　　Nǐ jǐ diǎn ＿＿＿＿＿＿＿＿?

B 我＿＿＿＿＿＿＿＿。

　　Wǒ ＿＿＿＿＿＿＿＿.

✳ 확장 문형 배우기

起床 qǐchuáng 기상하다	**洗脸** xǐliǎn 세수하다	**刷牙** shuāyá 이를 닦다
出发 chūfā 출발하다	**到** dào 도착하다	**开会** kāihuì 회의하다
聚餐 jùcān 회식하다	**洗澡** xǐzǎo 샤워하다	**睡觉** shuìjiào (잠을) 자다
开门 kāimén 개점하다	**午休** wǔxiū 점심 휴식을 취하다	**关门** guānmén 영업을 마치다

✳ 시간을 묻고 답하기

A 你几点出发? 당신은 몇 시에 출발합니까?
　　Nǐ jǐ diǎn chūfā?

B 四点钟出发。 4시 정각에 출발합니다.
　　Sì diǎnzhōng chūfā.

A 百货商店几点开门? 백화점은 몇 시에 문을 엽니까?
　　Bǎihuòshāngdiàn jǐ diǎn kāimén?

B 九点半开门。 9시 반에 문을 엽니다.
　　Jiǔ diǎn bàn kāimén.

 **연습**은 실전같이!

듣기 1　녹음을 듣고 일치하는 그림을 보기에서 고르세요.　　TRACK 130

(1)　Ⓐ 　Ⓑ 　Ⓒ

(2)　Ⓐ 　Ⓑ 　Ⓒ

듣기 2　녹음을 듣고 일치하는 단어를 보기에서 고르세요.　　TRACK 131

(1)　Ⓐ 上班　　　　Ⓑ 下课　　　　Ⓒ 起床

(2)　Ⓐ 三点　　　　Ⓑ 八点　　　　Ⓒ 两点

읽기 1　발음에 주의하여 읽어 보세요.　　TRACK 132

(1)	三点半 sān diǎn bàn	两点半 liǎng diǎn bàn	十二点半 shí'èr diǎn bàn
(2)	睡觉 shuìjiào	吃饭 chīfàn	旅行 lǚxíng
(3)	见朋友 jiàn péngyou	喝咖啡 hē kāfēi	看电影 kàn diànyǐng

읽기 2

다음 문장을 읽어 보세요.

两点。
Liǎng diǎn.

差五分两点。
Chà wǔ fēn liǎng diǎn.

现在差五分两点。
Xiànzài chà wǔ fēn liǎng diǎn.

七点。
Qī diǎn.

七点半。
Qī diǎn bàn.

七点半见朋友。
Qī diǎn bàn jiàn péngyou.

我七点半见朋友。
Wǒ qī diǎn bàn jiàn péngyou.

쓰기 1

다음 문장을 중국어로 완성하세요.

(1) 지금 5시 10분 전이야. →

(2) 너는 몇 시에 퇴근해 ? →

(3) 지금 5시야? →

(4) 나는 6시 반에 퇴근해. →

쓰기 2

알맞은 어순으로 문장을 완성하세요.

(1) 一点 / 现在 / 十分 / 差 →

(2) 起床 / 五点 / 妈妈 / 半 / 我 →

(3) 你 / 朋友 / 几点 / 见 →

(4) 吗 / 十二点 / 半 / 现在 →

memo

✳ 복습 ✳

너는 이름이 뭐야?	你叫什么名字? Nǐ jiào shénme míngzi?
나는 박은진이야.	我叫朴银真。 Wǒ jiào Piáo Yínzhēn.
너는 어느 나라 사람이야?	你是哪国人? Nǐ shì nǎ guó rén?
나는 한국인이야.	我是韩国人。 Wǒ shì Hánguórén.

너는 뭐 하는 거 좋아해?	你喜欢做什么? Nǐ xǐhuan zuò shénme?
나는 영화 보는 거 좋아해.	我喜欢看电影。 Wǒ xǐhuan kàn diànyǐng.
너는 커피 마시는 거 좋아해?	你喜欢喝咖啡吗? Nǐ xǐhuan hē kāfēi ma?
나는 아메리카노 마시는 것만 좋아해.	我只喜欢喝美式咖啡。 Wǒ zhǐ xǐhuan hē měishì kāfēi.

너는 스마트폰이 있어?	你有智能手机吗? Nǐ yǒu zhìnéng shǒujī ma?
나는 스마트폰이 있어.	我有智能手机。 Wǒ yǒu zhìnéng shǒujī.
네 스마트폰 어때?	你的智能手机怎么样? Nǐ de zhìnéng shǒujī zěnmeyàng?
내 스마트폰은 아주 실용적이야.	我的智能手机很实用。 Wǒ de zhìnéng shǒujī hěn shíyòng.

너는 언니가 있어?

你有没有姐姐?
Nǐ yǒu méiyǒu jiějie?

나는 언니가 한 명 있어.

我有一个姐姐。
Wǒ yǒu yí ge jiějie.

너희 집은 몇 식구야?

你家有几口人?
Nǐ jiā yǒu jǐ kǒu rén?

우리 집은 네 식구야.

我家有四口人。
Wǒ jiā yǒu sì kǒu rén.

너는 올해 몇 살이니?

你今年多大?
Nǐ jīnnián duō dà?

저는 올해 23살이에요.

我今年23岁。
Wǒ jīnnián èrshísān suì.

너는 무슨 띠니?

你属什么?
Nǐ shǔ shénme?

저는 개띠예요.

我属狗。
Wǒ shǔ gǒu.

지금 5시야?

现在五点吗?
Xiànzài wǔ diǎn ma?

지금 5시 10분 전이야.

现在差十分五点。
Xiànzài chà shí fēn wǔ diǎn.

너는 몇 시에 퇴근해?

你几点下班?
Nǐ jǐ diǎn xiàbān?

나는 6시 반에 퇴근해.

我六点半下班。
Wǒ liù diǎn bàn xiàbān.

날짜를 물어볼 때는?

今天一月九号。
Jīntiān yī yuè jiǔ hào.

今天几月几号?
Jīntiān jǐ yuè jǐ hào?

✳ **핵심 주제**
- 오늘이 몇 월 며칠이야?
- 그럼 네 생일이 토요일이야?

✳ **핵심 어법**
- 명사술어문 부정형
- 요일 관련 용어

  팟캐스트 듣기

A 今天几月几号? 오늘이 몇 월 며칠이야?
Jīntiān jǐ yuè jǐ hào?

B 今天一月九号。 오늘은 1월 9일이야.
Jīntiān yī yuè jiǔ hào.

날짜를 물어볼 때는 의문대사 '几 jǐ'를 '月(월)'와 号(일) 앞에 붙여 큰 단위부터 차례대로 질문을 해요. '일'은 문어체로는 日 rì이지만, 구어체로는 발음하기 쉬운 '号 hào'를 사용해요.

A 明天几月几号? 내일이 몇 월 며칠이야?
　Míngtiān jǐ yuè jǐ hào?

B 明天八月八号。 내일은 8월 8일이야.
　Míngtiān bā yuè bā hào.

WORDS

月 yuè 명 월, 달
号 hào 명 날짜, 일(日)
昨天 zuótiān 명 어제
前天 qiántiān 명 그제
后天 hòutiān 명 모레

교체연습

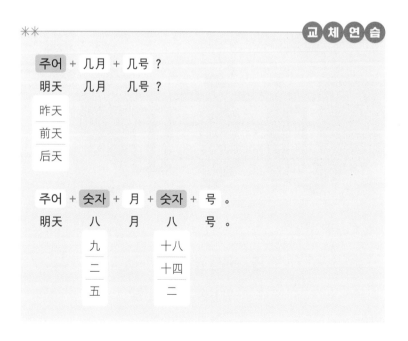

주어	+ 几月	+ 几号 ?
明天	几月	几号 ?
昨天		
前天		
后天		

주어	+ 숫자	+ 月	+ 숫자	+ 号 。
明天	八	月	八	号 。
	九		十八	
	二		十四	
	五		二	

✳✳✳

날짜 표현

1. 연도는 숫자를 하나씩 읽어 주면 돼요.
   - 二零一四年 2014년
     èr líng yī sì nián
   - 一九九八年 1998년
     yī jiǔ jiǔ bā nián
   - 二零零二年 2002년
     èr líng líng èr nián

2. '나이/시간/날짜/학년' 등을 말할 때 부사 '不, 也, 都'를 사용하려면 반드시 동사 '是'도 함께 와야 해요.
   - 今天不是5号。
     Jīntiān bú shì wǔ hào.
     오늘은 5일이 아니다.
   - 他们也是20岁。
     Tāmen yě shì èrshí suì.
     그들도 20살이다.
   - 他们都是3年级。
     Tāmen dōu shì sān niánjí.
     그들은 모두 3학년이다.

A 那你的生日是星期六吗? 그럼 네 생일이 토요일이야?

Nà nǐ de shēngrì shì xīngqīliù ma?

B 我的生日不是星期六，是星期天。

Wǒ de shēngrì bú shì xīngqīliù, shì xīngqītiān.

내 생일은 토요일이 아니고, 일요일이야.

요일을 말할 때는 '星期' 뒤에 숫자를 붙여 말해요. '星期' 말고 '周 zhōu 주'도 많이 사용해요. 부정은 부정부사 '不'를 사용하되, 반드시 동사 '是'와 함께 써야 해요. 'A가 아니고 B야'라는 표현은 '不是A，是B'예요. 또 요일을 물을 때는 숫자 대신 '几'를 넣어 '星期几'라고 물어요.

A 你妈妈的生日是星期天吗?

Nǐ māma de shēngrì shì xīngqītiān ma?

너희 어머니 생신이 일요일이야?

B 我妈妈的生日不是星期天，是星期一。

Wǒ māma de shēngrì bú shì xīngqītiān, shì xīngqīyī.

우리 엄마 생신은 일요일이 아니라, 월요일이야.

WORDS

那 nà 웹 그러면, 그럼

生日 shēngrì 명 생일

星期六 xīngqīliù 명 토요일

星期天 xīngqītiān 명 일요일

星期一 xīngqīyī 명 월요일

情人节 Qíngrén Jié
고유 밸런타인데이

星期四 xīngqīsì 명 목요일

星期二 xīngqī'èr 명 화요일

星期五 xīngqīwǔ 명 금요일

✱✱ 교체연습

주어 + 是 + 요일 + 吗 ?

你妈妈的生日 是 星期天 吗 ?

| 情人节 |
| 15号 |
| 明天 |

주어 + 不是 A, + 是 B 。

我妈妈的生日不是 星期天， 是星期一。

星期一	星期二
星期四	星期五
星期一	星期天

✱✱✱

星期一 / 周一 월요일
xīngqīyī / zhōuyī

星期二 / 周二 화요일
xīngqī'èr / zhōu'èr

星期三 / 周三 수요일
xīngqīsān / zhōusān

星期四 / 周四 목요일
xīngqīsì / zhōusì

星期五 / 周五 금요일
xīngqīwǔ / zhōuwǔ

星期六 / 周六 토요일
xīngqīliù / zhōuliù

星期天 / 周日 일요일
xīngqītiān / zhōurì

회화를 내 것으로!

── 달력을 보며 날짜를 얘기하던 두 사람이 생일을 물으며

A 今天几月几号？
Jīntiān jǐ yuè jǐ hào?

B 今天一月九号。
Jīntiān yī yuè jiǔ hào.

A 那你的生日是星期六吗？
Nà nǐ de shēngrì shì xīngqīliù ma?

B 我的生日不是星期六，是星期天。
Wǒ de shēngrì bú shì xīngqīliù, shì xīngqītiān.

A 你喜欢吃什么？
Nǐ xǐhuan chī shénme?

B 我喜欢吃牛排。
Wǒ xǐhuan chī niúpái.

A 오늘이 몇 월 며칠이야?
B 오늘은 1월 9일이야.
A 그럼 네 생일이 토요일이야?
B 내 생일은 토요일이 아니고, 일요일이야.
A 너는 뭐 먹는 것을 좋아해?
B 나는 스테이크 먹는 것을 좋아해.

✳ 중국 문화 엿보기 ✳

선물 문화

'礼尚往来(lǐshàngwǎnglái)'는 '선물을 받으면 답례를 하는 것이 예의다'라는 뜻으로, 선물을 주고받음에 있어서도 예를 중시하는 중국인의 특성을 확인할 수 있습니다. 연령과 성별에 맞는 선물을 하는 것이 상대방에 대한 기본적인 예의인데, 어른에게 선물할 때는 보편적으로 차나 건강 보조 식품이 가장 좋고, 남성에게는 술이나 담배, 여성에게는 주로 화장품을 선물합니다. 아이들과 어린이들에게는 장난감이나 학용품을 선물합니다.

반면 선물로 하지 말아야 할 물건도 있으니 기억해 두는 것이 좋습니다. 우산이나 시계, 배(과일) 등이 그러한데요. 이러한 물건들이 금기 되는 이유의 대부분은 중국인들이 기피하는 글자와 발음이 유사하기 때문입니다. 예를 들어, '우산'의 '伞(sǎn)'과 '이산하다, 흩어지다'의 뜻을 가진 '散(sǎn)'의 발음이 같아, 우산 선물은 헤어짐과 이별을 연상시킬 수 있습니다.

물론, 선물은 마음이 가장 중요하지만 문화를 알고 그에 맞는 선물을 준비한다면 더욱 좋겠죠?

月　月

yuè ｜ 月 月 月 月　　　　　4획

号　号

hào ｜ 号 号 号 号 号　　　　5획

生　生

shēng ｜ 生 生 生 生 生　　　5획

不　不

bù ｜ 不 不 不 不　　　　　4획

星　星

xīng ｜ 星 星 星 星 星 星 星 星 星　9획

期　期

qī ｜ 期 期 期 期 期 期 期 期 期 期 期 期　12획

今天几月几号?
Jīntiān jǐ yuè jǐ hào?

今天＿＿＿＿＿＿＿。
Jīntiān ＿＿＿＿＿＿＿＿.

今天是你的生日吗?
Jīntiān shì nǐ de shēngrì ma?

不是，明天是＿＿＿＿＿＿。
Bú shì, míngtiān shì ＿＿＿＿＿＿.

✳ 🐶 확장 문형 배우기

● 심화 보충 단어

去年 qùnián 작년	今年 jīnnián 올해	明年 míngnián 내년
上个月 shàng ge yuè 지난달	这个月 zhè ge yuè 이번 달	下个月 xià ge yuè 다음 달
上个星期 shàng ge xīngqī 지난주	这个星期 zhè ge xīngqī 이번 주	下个星期 xià ge xīngqī 다음 주
昨天 zuótiān 어제	今天 jīntiān 오늘	明天 míngtiān 내일

● 확장 문형

✳ 축하 표현

A 明天是我的生日。 Míngtiān shì wǒ de shēngrì. 내일은 제 생일입니다.

B 祝你生日快乐! Zhù nǐ shēngrì kuàilè! 생일 축하합니다!

- -

A 上个月我结婚了。 Shàng ge yuè wǒ jiéhūn le. 저는 지난달에 결혼했습니다.

B 你怎么没告诉我呢! 恭喜恭喜!
Nǐ zěnme méi gàosu wǒ ne! Gōngxǐ gōngxǐ!
저한테 왜 말 안 해 주셨나요! 축하드립니다!

듣기 1 녹음을 듣고 내용과 관련있는 그림을 보기에서 고르세요.　　　TRACK 141

(1)　Ⓐ 　　Ⓑ 　　Ⓒ

(2)　Ⓐ 　　Ⓑ 　　Ⓒ

듣기 2 녹음을 듣고 내용과 관련있는 단어를 보기에서 고르세요.　　　TRACK 142

(1)　Ⓐ 7月12号　　　　Ⓑ 5月30号　　　　Ⓒ 2月7号

(2)　Ⓐ 星期四　　　　Ⓑ 星期三　　　　Ⓒ 星期一

읽기 1 발음에 주의하여 읽어 보세요.　　　TRACK 143

(1)
前天	昨天	后天
qiántiān	zuótiān	hòutiān

(2)
星期二	星期天	星期五
xīngqī'èr	xīngqītiān	xīngqīwǔ

(3)
十二号	二十号	十一月
shí'èr hào	èrshí hào	shíyī yuè

八号。
Bā hào.

星期天。
Xīngqītiān.

四月八号。
Sì yuè bā hào.

生日是星期天。
Shēngrì shì xīngqītiān.

今天四月八号。
Jīntiān sì yuè bā hào.

他的生日是星期天。
Tā de shēngrì shì xīngqītiān.

今天不是四月八号。
Jīntiān bú shì sì yuè bā hào.

他的生日是星期天吗?
Tā de shēngrì shì xīngqītiān ma?

쓰기 1

다음 문장을 중국어로 완성하세요.

(1) 오늘은 몇 월 며칠이야? → _____

(2) 내 생일은 토요일이 아니고, 일요일이야. → _____

(3) 내 생일은 1월 9일이야. → _____

(4) 오늘은 토요일이야? → _____

쓰기 2

알맞은 어순으로 문장을 완성하세요.

(1) 二十五号 / 后天 / 十二月 / 是 → _____

(2) 是 / 星期五 / 不 / 生日 / 妈妈的 → _____

(3) 是 / 情人节 / 十四号 / 二月 → _____

(4) 是 / 明天 / 星期天 → _____

장소를 물어볼 때는?

✳ **핵심 주제**
- 너는 내일 서단에 가려고 하니?
- 그럼 우리 어디에서 만날까?

✳ **핵심 어법**
- 조동사 要
- 전치사 在
- 의문대사 哪儿

A 你明天要去西单吗? 너는 내일 서단에 가려고 하니?
　　Nǐ míngtiān yào qù Xīdān ma?

B 我明天不想去西单。 나는 내일 서단에 가고 싶지 않아.
　　Wǒ míngtiān bù xiǎng qù Xīdān.

주어의 의지를 말할 때 사용하는 조동사 '要'는 동사 앞에 위치하며, '~하려고 한다'의 의미예요. 예를 들면, '나는 다이어트를 하려고 한다.'는 중국어로 '我要减肥。Wǒ yào jiǎnféi.'라고 해요. 부정형은 '不想 bù xiǎng ~하고 싶지 않다'를 사용해요. '不要 búyào'가 아니라는 것을 꼭 기억하세요!

A 你明天要去她家吗? 너는 내일 그녀 집에 가려고 하니?
　　Nǐ míngtiān yào qù tā jiā ma?

B 我明天不想去她家。 나는 내일 그녀 집에 가고 싶지 않아.
　　Wǒ míngtiān bù xiǎng qù tā jiā.

WORDS

要 yào [조동] ~하려고 한다
去 qù [동] 가다
西单 Xīdān [고유] 서단
想 xiǎng [조동] ~하고 싶다
医院 yīyuàn [명] 병원
买 mǎi [동] 사다
东西 dōngxi [명] 물건, 음식
酒 jiǔ [명] 술

교체연습

주어	+ 要	+ 동사	+ 목적어	+ 吗	?
你	要	去	她家	吗	?
		看	电影		
		见	朋友		
		去	医院		

주어	+ 不想	+ 동사	+ 목적어	。
我	不想	去	她家	。
		买	东西	
		喝	酒	
		听	音乐	

✱✱✱

'要'와 '想'의 용법

1. **'要'가 들어가는 긍정문은?**

• 我要减肥。
　Wǒ yào jiǎnféi.
　나는 다이어트를 하려고 한다.

• 他要去中国。
　Tā yào qù Zhōngguó.
　그는 중국에 가려고 한다.

2. **조동사 '想'은 단순한 바람을 나타낼 때 자주 사용해요.**

• 我想去济州岛。
　Wǒ xiǎng qù Jìzhōu Dǎo.
　나는 제주도에 가고 싶어.

• 我们想喝咖啡, 你呢?
　Wǒmen xiǎng hē kāfēi, nǐ ne?
　우리는 커피를 마시고 싶어, 너는?

• 我不想喝酒。
　Wǒ bù xiǎng hē jiǔ.
　나는 술을 마시고 싶지 않아.

A 那我们在哪儿见? 그럼 우리 어디에서 만날까?
Nà wǒmen zài nǎr jiàn?

B 我们在天安门见吧。 우리 천안문에서 만나자.
Wǒmen zài Tiān'ānmén jiàn ba.

행위가 일어나는 장소를 나타낼 때는 동사 앞에 '전치사 在+장소'를 사용하면 돼요. 장소를 묻고 싶으면 장소를 묻는 의문대사 '哪儿'을 사용해요. 또, 문장 끝에 어기조사 '吧'를 붙여서 '~하자'라고 '제안/동의/권유'를 할 수 있어요.

A 我们在哪儿吃饭? 우리는 어디에서 밥을 먹어?
Wǒmen zài nǎr chīfàn?

B 我们在家吃饭吧。 집에서 밥 먹자.
Wǒmen zài jiā chīfàn ba.

WORDS

我们 wǒmen 때 우리들
在 zài 전 ~에서
哪儿 nǎr 의 어디
天安门 Tiān'ānmén 고유 천안문
吧 ba 조 제안, 동의의 어기조사
等 děng 통 기다리다
书 shū 명 책
公园 gōngyuán 명 공원
学校 xuéxiào 명 학교
车站 chēzhàn 명 정거장
骑 qí 통 (자전거, 오토바이 등을) 타다
打 dǎ 통 (놀이, 운동을) 하다
自行车 zìxíngchē 명 자전거
篮球 lánqiú 명 농구

교체연습

주어 +	在哪儿 +	동사 +	(목적어) ?
我们	在哪儿	吃	饭 ?
		见	朋友
		买	书
		等	他们

주어 +	在 +	장소 +	동사 +	(목적어) +	吧 。
我们	在	家	吃	饭	吧 。
		公园	骑	自行车	
		学校	打	篮球	
		车站	见		

여러 가지 방위사

前边 앞쪽 qiánbian	后边 뒤쪽 hòubian
左边 왼쪽 zuǒbian	右边 오른쪽 yòubian
里边 안쪽 lǐbian	外边 바깥쪽 wàibian
上边 위쪽 shàngbian	下边 아래쪽 xiàbian
这儿 zhèr 여기/이곳	那儿 nàr 저기/저곳 거기/그곳

· 他在里边休息。
Tā zài lǐbian xiūxi.
그는 안에서 쉰다.

회화를 내 것으로!

—— 두 남녀가 북경으로 여행을 갔다. 내일 어디로 구경 갈지 얘기하며

A 你明天要去西单吗?
Nǐ míngtiān yào qù Xīdān ma?

B 我明天不想去西单。
Wǒ míngtiān bù xiǎng qù Xīdān.

A 那我们在哪儿见?
Nà wǒmen zài nǎr jiàn?

B 我们在天安门见吧。
Wǒmen zài Tiān'ānmén jiàn ba.

A 天安门远不远?
Tiān'ānmén yuǎn bu yuǎn?

B 天安门不太远。
Tiān'ānmén bú tài yuǎn.

A 너는 내일 서단에 가려고 하니?

B 나는 내일 서단에 가고 싶지 않아.

A 그럼 우리 어디에서 만날까?

B 우리 천안문에서 만나자.

A 천안문은 멀어?

B 천안문은 그다지 멀지 않아.

✳ 중국 문화 엿보기 ✳

중국 제일 물의 도시 —— 주장 周庄(Zhōuzhuāng)

'周庄(Zhōuzhuāng)'은 중국 제일 '물의 도시'로 유명합니다. 서양의 베니스와 견주어도 될 만큼 동화 속 마을처럼 아름다워 많은 예술가들이 사랑하는 도시이기도 합니다. '周庄'은 상해(上海), 항주(杭州), 소주(苏州) 사이에 위치하며, 북송시대에 건설되기 시작했습니다. 명청시대에 세운 건축물의 60%가 현재까지도 남아 있어 역사적 의의가 있는 곳이기도 합니다. 또, 일본의 유명한 애니메이션인 《센과 치히로의 행방불명》의 모티브로 사용되기도 하였습니다. '周庄'에서 무엇보다 중요한 것은 수로입니다. '周庄'에 사는 모든 사람에게 수로는 곧 이동할 수 있는 수단이자 길입니다. 또한 관광지로서의 역할도 톡톡히 하고 있으니 더욱 소중하겠죠?

要 要

yào | 要 要 要 要 要 要 要 要 要   9획

去 去

qù | 去 去 去 去 去   5획

想 想

xiǎng | 想 想 想 想 想 想 想 想 想 想 想 想 想   13획

们 们

men | 们 们 们 们 们   5획

骑 骑

qí | 骑 骑 骑 骑 骑 骑 骑 骑 骑 骑 骑   11획

吧 吧

ba | 吧 吧 吧 吧 吧 吧 吧   7획

✳ 실전같이 **말하기**

TRACK 149

 周末你要做什么？
Zhōumò nǐ yào zuò shénme?

我要＿＿＿＿＿＿。
Wǒ yào ＿＿＿＿＿＿.

 你在哪儿骑自行车？
Nǐ zài nǎr qí zìxíngchē?

我＿＿＿＿＿＿骑自行车。
Wǒ ＿＿＿＿＿＿ qí zìxíngchē.

152

✳ 확장 문형 배우기

● 심화 보충 단어 ──────────────────────

广州 Guǎngzhōu 광주	深圳 Shēnzhèn 심천	青岛 Qīngdǎo 청도
成都 Chéngdū 성도	杭州 Hángzhōu 항주	苏州 Sūzhōu 소주
大连 Dàlián 대련	延边 Yánbiān 연변	天津 Tiānjīn 천진
长春 Chángchūn 장춘	沈阳 Shěnyáng 심양	哈尔滨 Hā'ěrbīn 하얼빈

● 확장 문형 ──────────────────────

A 你想去什么地方旅游? 당신은 어디로 여행을 가 보고 싶습니까?
Nǐ xiǎng qù shénme dìfang lǚyóu?

B 我想夏天去青岛，冬天去哈尔滨。
Wǒ xiǎng xiàtiān qù Qīngdǎo, dōngtiān qù Hā'ěrbīn.
저는 여름에는 청도, 겨울에는 하얼빈에 가 보고 싶습니다.

A 为什么? 왜요?
Wèishénme?

B 因为夏天青岛有啤酒节，冬天哈尔滨有冰灯节。
Yīnwèi xiàtiān Qīngdǎo yǒu Píjiǔ Jié, dōngtiān Hā'ěrbīn yǒu Bīngdēng Jié.
왜냐하면 여름에 청도는 맥주 축제가 있고, 겨울에 하얼빈은 빙등 축제가 있기 때문입니다.

 연습은 실전같이!

 듣기 1

녹음을 듣고 내용과 관련있는 그림을 보기에서 고르세요.

TRACK 152

(1) Ⓐ  Ⓑ  Ⓒ

(2) Ⓐ  Ⓑ  Ⓒ

 듣기 2

녹음을 듣고 내용과 관련있는 단어를 보기에서 고르세요.

TRACK 153

(1)　Ⓐ 学校　　　　　Ⓑ 学习　　　　　Ⓒ 上课

(2)　Ⓐ 车站　　　　　Ⓑ 公司　　　　　Ⓒ 西单

 읽기 1

발음에 주의하여 읽어 보세요.

TRACK 154

(1)	公司 gōngsī	工作 gōngzuò	医院 yīyuàn
(2)	学校 xuéxiào	学习 xuéxí	车站 chēzhàn
(3)	西单 Xīdān	天安门 Tiān'ānmén	中国 Zhōngguó

읽기 **2** 다음 문장을 읽어 보세요.

TRACK 155

医院。
Yīyuàn.

去医院。
Qù yīyuàn.

要去医院。
Yào qù yīyuàn.

他要去医院。
Tā yào qù yīyuàn.

他要去医院吗?
Tā yào qù yīyuàn ma?

西单。
Xīdān.

在西单。
Zài Xīdān.

在西单见。
Zài Xīdān jiàn.

我们在西单见。
Wǒmen zài Xīdān jiàn.

我们在西单见吧。
Wǒmen zài Xīdān jiàn ba.

쓰기 **1** 다음 문장을 중국어로 완성하세요.

(1) 우리는 어디에서 만날까? →

(2) 나는 내일 서단에 가고 싶지 않아. →

(3) 너는 내일 서단에 가려고 하니? →

(4) 우리 천안문에서 만나자. →

쓰기 **2** 알맞은 어순으로 문장을 완성하세요.

(1) 要 / 吗 / 朋友 / 见 / 你 / 今天 →

(2) 学校 / 吧 / 我们 / 在 / 见 →

(3) 不想 / 电影 / 看 / 我 / 今天 →

(4) 哪儿 / 在 / 等我 / 你们 →

UNIT 12 물건을 살 때는?

✳ 핵심 주제
- 이 옷은 얼마예요?
- 300 위안에 팔 수 있어요?

✳ 핵심 어법
- 의문대사 多少
- 조동사 能
- 화폐 단위

A 这件衣服多少钱? 이 옷은 얼마예요?
Zhè jiàn yīfu duōshao qián?

B 三百五十块。 350위안이에요.
Sānbǎi wǔshí kuài.

지시대사(这)가 명사(衣服)를 꾸며줄 수 있는데, 대개 '지시대사(这)+수사 (一)+양사(件)+명사(衣服)'의 어순이에요. 이때 수사가 '1'이면 대개 생략해서 '这件衣服'라고 해요. 가격을 물어볼 때는 '多少钱'을 사용해 '얼마예요?'라고 묻고, 대답할 때는 중국 화폐 명칭을 사용해요. 주의할 점은 '元 yuán/角 jiǎo' 는 서면어이고, 말할 때는 '块 kuài/毛 máo'라고 말해요.(어법 TIP 참고)

A 这台电脑多少钱? 이 컴퓨터는 얼마예요?
Zhè tái diànnǎo duōshao qián?

B 七千三百块。 7,300위안이에요.
Qīqiān sānbǎi kuài.

WORDS

件 jiàn 양 벌, 건 (옷이나 일, 사건을 세는 단위)

衣服 yīfu 명 옷

多少 duōshao 의 얼마

钱 qián 명 돈

百 bǎi 주 100, 백

块 kuài 양 위안 (중국의 화폐 단위)

台 tái 양 대 (기계를 세는 단위)

千 qiān 주 1000, 천

本 běn 양 권

朵 duǒ 양 송이

笔记本电脑 bǐjìběn diànnǎo 명 노트북

玫瑰花 méiguihuā 명 장미꽃

교 체 연 습

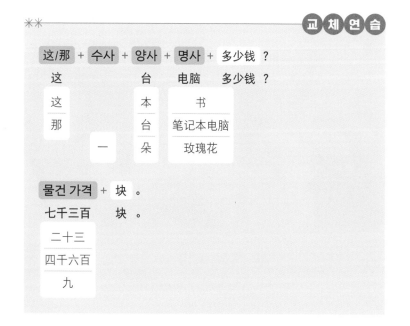

***

'角, 毛'는 '元, 块'의 1/10에 해 당하는 단위예요.

• 2.4元 = 两块四毛
  liǎng kuài sì máo

• 12.5元 = 十二块五毛
  shí'èr kuài wǔ máo

큰 숫자를 읽을 때는 '千/百/ 十'를 사용해서 큰 숫자부터 순서대로 읽으면 돼요.

• 2,222 两千二百二十二
  liǎngqiān èrbǎi èrshí'èr

단, 중간에 '0'이 들어가면 '零' 으로 표시하되, 한 번만 표시 하면 돼요.

• 308 三百零八
  sānbǎi líng bā

• 6,003 六千零三
  liùqiān líng sān

A 三百块能卖吗? 300위안에 팔 수 있어요?
Sānbǎi kuài néng mài ma?

B 不好意思，不能卖。 미안해요. 팔 수 없어요.
Bù hǎoyìsi, bù néng mài.

우리말의 '~할 수 있어요, ~할 수 없어요'와 같이, 상황/이치상의 가능 여부를 표현할 때 조동사 '能'이나 '可以 kěyǐ'를 사용해요. 부정형은 '不能'을 사용해요.

A 明天你能来吗? 내일 너 올 수 있어?
Míngtiān nǐ néng lái ma?

B 不好意思，我不能去。 미안해, 나는 갈 수 없어.
Bù hǎoyìsi, wǒ bù néng qù.

WORDS

能 néng [조동] ~할 수 있다
卖 mài [동] 팔다
不好意思 bù hǎoyìsi
미안하다, 멋쩍다
来 lái [동] 오다
今晚 jīnwǎn [명] 오늘 저녁
下周 xiàzhōu [명] 다음 주
明年 míngnián [명] 내년
去兜风 qù dōufēng
드라이브를 가다
回国 huíguó [동] 귀국하다
出国 chūguó [동] 출국하다
送 sòng [동] 배웅하다, 선물하다
开车 kāichē [동] 운전하다

교체연습

시간	+	주어	+	能	+	동사(+목적어)	+	吗	?
明天		你		能		来		吗	?
今晚						去兜风			
下周						回国			
明年						出国			

주어	+	不能	+	동사	+	목적어	。
我		不能		去			。
今天我				喝		酒	
今天他				送		我	
明天我				开		车	

✱✱✱

'可以'의 용법

1. ~할 수 있다 (가능)
• 你现在可以帮我吗?
Nǐ xiànzài kěyǐ bāng wǒ ma?
너는 지금 나를 도와줄 수 있어?

2. ~해도 된다 (허가)
• 妈，我可以喝可乐吗?
Mā, wǒ kěyǐ hē kělè ma?
엄마, 저 콜라 마셔도 돼요?

• 我可以看吗?
Wǒ kěyǐ kàn ma?
내가 봐도 돼요?

3. '可以'의 부정형은 오로지 '불허'의 의미만 나타내요.
• 你不可以喝酒。
Nǐ bù kěyǐ hē jiǔ.
너는 술을 마시면 안돼.

회화를 내 것으로!

—— 옷 가게에서 옷을 사기 위해 가격을 흥정하려고 대화를 하며

A 这件衣服多少钱?

Zhè jiàn yīfu duōshao qián?

B 三百五十块。

Sānbǎi wǔshí kuài.

A 三百块能卖吗?

Sānbǎi kuài néng mài ma?

B 不好意思, 不能卖。

Bù hǎoyìsi, bù néng mài.

A 那买两件呢?

Nà mǎi liǎng jiàn ne?

B 好, 两件六百五十吧。

Hǎo, liǎng jiàn liùbǎi wǔshí ba.

WORDS

呢 ne 图 의문문의 끝에 써서 의문의
어기를 나타냄

A 이 옷은 얼마예요?
B 350위안이에요.
A 300위안에 팔 수 있어요?
B 미안해요. 팔 수 없어요.
A 그럼 두 벌 사면요?
B 좋아요. 두 벌에 650위안으로 해요.

✳ 중국 문화 엿보기 ✳

바겐 세일

중국의 할인 행사가 집중되는 기간에는 '买一送一(mǎi yī sòng yī, 1+1)', '满100送100(mǎn yìbǎi sòng yìbǎi, 판매 금액 100위안마다 100위안 상품권 증정)', '疯狂甩卖/大减价(fēngkuáng shuǎimài/dà jiǎnjià, 폭탄 세일)', '清仓促销(qīngcāng cùxiāo, 창고 정리 세일)' 등의 문구를 자주 볼 수 있습니다.

그렇다면 우리나라의 20% 세일, 70% 세일은 중국어로 어떻게 표현할까요?

'할인하다'라는 뜻의 '打折(dǎzhé)'에서 '打'와 '折'의 사이에 숫자를 넣어주면 됩니다. 하지만 우리나라와 달리 20% 세일이라면 숫자 '8'인 '八'를 넣어 '打八折'로 쓰면 됩니다. 그렇다면 70% 세일은 중국어로 '打三折'라고 쓰면 되겠죠?

件 件

jiàn ㅣ 件 件 件 件 件 件   6획

服 服

fú ㅣ 服 服 服 服 服 服 服 服   8획

钱 钱

qián ㅣ 钱 钱 钱 钱 钱 钱 钱 钱 钱 钱   10획

块 块

kuài ㅣ 块 块 块 块 块 块 块   7획

能 能

néng ㅣ 能 能 能 能 能 能 能 能 能 能   10획

卖 卖

mài ㅣ 卖 卖 卖 卖 卖 卖 卖 卖   8획

 一朵玫瑰花_____?

Yì duǒ méiguihuā _____?

一朵玫瑰花十块。你买几朵?

Yì duǒ méiguihuā shí kuài. Nǐ mǎi jǐ duǒ?

我_____, 多少钱?

Wǒ _____, duōshao qián?

一共_____。

Yígòng _____.

WORDS

一共 yígòng 분 모두, 합계, 전부

 **확장 문형** 배우기

● 심화 보충 단어 ────────────────

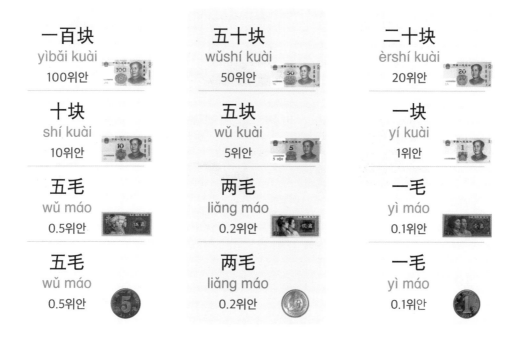

一百块
yìbǎi kuài
100위안

五十块
wǔshí kuài
50위안

二十块
èrshí kuài
20위안

十块
shí kuài
10위안

五块
wǔ kuài
5위안

一块
yí kuài
1위안

五毛
wǔ máo
0.5위안

两毛
liǎng máo
0.2위안

一毛
yì máo
0.1위안

五毛
wǔ máo
0.5위안

两毛
liǎng máo
0.2위안

一毛
yì máo
0.1위안

● 확장 문형 ────────────────

※ 시장에서 물건을 사는 표현

A 苹果多少钱一斤？　사과 한 근에 얼마예요?
　　Píngguǒ duōshao qián yì jīn?

B 十块钱一斤。　한 근에 10위안이에요.
　　Shí kuài qián yì jīn.

A 太贵了，便宜点儿吧。　너무 비싸요. 좀 싸게 해 주세요.
　　Tài guì le, piányi diǎnr ba.

B 不能再便宜了。　더 싸게 드릴 수 없어요.
　　Bù néng zài piányi le.

 연습은 실전같이!

듣기 1 녹음을 듣고 내용과 관련있는 그림을 보기에서 고르세요. TRACK 163

(1) Ⓐ  Ⓑ  Ⓒ

(2) Ⓐ  Ⓑ  Ⓒ

듣기 2 녹음을 듣고 내용과 관련있는 단어를 보기에서 고르세요. TRACK 164

(1) Ⓐ 小兔 Ⓑ 小狗 Ⓒ 小猪

(2) Ⓐ 回国 Ⓑ 出国 Ⓒ 今晚

읽기 1 발음에 주의하여 읽어 보세요. TRACK 165

(1)
| 雨伞 | 小狗 | 玫瑰花 |
| yǔsǎn | xiǎogǒu | méiguihuā |

(2)
| 停车 | 回国 | 出国 |
| tíngchē | huíguó | chūguó |

(3)
| 去兜风 | 不能抽烟 | 不好意思 |
| qù dōufēng | bù néng chōuyān | bù hǎoyìsi |

다음 문장을 읽어 보세요.

十块。
Shí kuài.

玫瑰花十块。
Méiguihuā shí kuài.

一朵玫瑰花十块。
Yì duǒ méiguihuā shí kuài.

回国。
Huíguó.

能回国。
Néng huíguó.

下周能回国。
Xiàzhōu néng huíguó.

你下周能回国吗?
Nǐ xiàzhōu néng huíguó ma?

쓰기 1

다음 문장을 중국어로 완성하세요.

(1) 미안해요. 팔 수 없어요. → _____

(2) 이 옷은 얼마예요? → _____

(3) 300위안에 팔 수 있어요? → _____

(4) 350위안이에요. → _____

쓰기 2

알맞은 어순으로 문장을 완성하세요.

(1) 多少 / 电脑 / 台 / 钱 / 那 → _____

(2) 我明天 / 回国 / 不 / 能 → _____

(3) 四十 / 玫瑰花 / 块 / 三朵 → _____

(4) 明年你 / 吗 / 来中国 / 能 → _____

✳ 핵심 주제
- 지금 밖에 추워?
- 너는 왜 우산을 챙겨?

✳ 핵심 어법
- 정도부사 有点儿
- 의문대사 为什么
- 진행형 正在

TRACK 167 팟캐스트 듣기

A 现在外面冷吗? 지금 밖에 추워?
Xiànzài wàimiàn lěng ma?

B 现在有点儿冷，风很大。 지금 조금 추워, 바람이 세.
Xiànzài yǒudiǎnr lěng, fēng hěn dà.

정도를 나타내는 부사 '有点儿'은 '좀 ~하다'라는 정도를 나타내면서 불만스러운 심리를 나타낼 때 사용해요. 불만이 아닌 객관적으로 '좀 ~하다'는 표현은 주로 '比较 bǐjiào'를 사용해요.(어법 TIP 참고)

A 现在外面热吗? 지금 밖에 더워?
Xiànzài wàimiàn rè ma?

B 外面有点儿热。 밖은 조금 더워.
Wàimiàn yǒudiǎnr rè.

교체연습

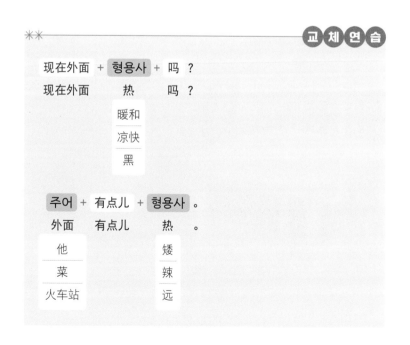

现在外面 + 형용사 + 吗 ?
现在外面　　热　　吗 ?
　　　　　暖和
　　　　　凉快
　　　　　黑

주어 + 有点儿 + 형용사 。
外面　有点儿　　热　。
他　　　　　　矮
菜　　　　　　辣
火车站　　　　远

***

'比较'의 용법
'比较'는 '(객관적으로) 좀 ~하다'라는 뜻으로 불만의 어감은 없어요.

• 英语考试题比较难。
Yīngyǔ kǎoshìtí bǐjiào nán.
(다른 과목과 비교해) 영어 시험 문제가 좀 어려운 편이에요.

• 上海的物价比较贵。
Shànghǎi de wùjià bǐjiào guì.
상해의 물가는 좀 비싼 편이에요.

A 你为什么带雨伞? 너는 왜 우산을 챙겨?
Nǐ wèishénme dài yǔsǎn?

B 外面正在下雨呢。 밖에 비가 내리고 있어.
Wàimiàn zhèngzài xiàyǔ ne.

'为什么'는 구체적인 원인을 물을 때 사용하는 의문대사이고, 어떤 동작이 진행 중임을 나타내는 부사 '正在'는 자주 문장 끝에 '呢'를 붙여 사용해요. 중국어의 진행형은 시제와 상관없이 사용할 수 있는데, 부정형은 뒤에 '呢' 없이 '没在 méi zài'로 나타내요. 또 단답형 부정의 대답은 '没有'로 나타내요.

A 你为什么带手套? 너는 왜 장갑을 챙겨?
Nǐ wèishénme dài shǒutào?

B 外面正在下雪呢。 밖에 눈이 내리고 있어.
Wàimiàn zhèngzài xiàxuě ne.

WORDS

为什么 wèishénme 의 왜
带 dài 동 가지다, 휴대하다
正在…呢 zhèngzài…ne
~하고 있다 (진행형)
下雨 xiàyǔ 동 비가 내리다
手套 shǒutào 명 장갑
下雪 xiàxuě 동 눈이 내리다
找 zhǎo 동 찾다
照相机 zhàoxiàngjī 명 카메라
洗脸 xǐliǎn 동 세수하다
洗碗 xǐwǎn 동 설거지하다
化妆 huàzhuāng 동 화장하다

** 교 체 연 습

주어	+ 为什么	+ 동사	+ 목적어	?
你	为什么	带	手套	?
		带	照相机	
		卖	车	
		找	我	

주어	+ 正在	+ 동사	+ 목적어	+ 呢	。
外面	正在	下	雪	呢	。
他		洗	脸		
妈妈		洗	碗		
姐姐		化	妆		

***

진행형 부정문
[주어+没在+동사+(목적어)]

• 我 没在 玩儿 游戏。
Wǒ méi zài wánr yóuxì.
나는 오락하는 중이 아니에요.

• 她 没在 开会。
Tā méi zài kāihuì.
그녀는 회의하는 중이 아니에요.

※ 문장 끝의 '呢'는 부정형에서는 쓸 수 없어요.

✳ 🐶 회화를 내 것으로!

―― 외출하려는 룸메이트에게 날씨를 물으며

A 你要去哪儿?

Nǐ yào qù nǎr?

B 我要去时事汉语学院。

Wǒ yào qù Shíshì Hànyǔ xuéyuàn.

A 现在外面冷吗?

Xiànzài wàimiàn lěng ma?

B 现在有点儿冷，风很大。

Xiànzài yǒudiǎnr lěng, fēng hěn dà.

A 你为什么带雨伞?

Nǐ wèishénme dài yǔsǎn?

B 外面正在下雨呢。

Wàimiàn zhèngzài xiàyǔ ne.

✳ 중국 문화 엿보기 ✳

신장(新疆, Xīnjiāng)의 건포도

중국의 신장(新疆, Xīnjiāng)에는 "早穿皮袄午穿纱, 围着火炉吃西瓜。(Zǎo chuān pí'ǎo wǔ chuān shā, wéi zhe huǒlú chī xīguā.)"라는 말이 있습니다. 이 말은 신장의 기후를 가장 잘 표현한 말이기도 합니다. "아

침(早)에는 모피로 안감을 댄 옷옷(皮袄)을 입고(穿), 오후(午)에는 성글게 짠 얇은 옷(纱)을 입어라(穿). 화로(火炉)에 둘러 앉아(围着), 수박(西瓜)을 먹어라."라는 뜻으로 신장의 유별난 일교차를 빗댄 말입니다.

중국 신장은 대륙성 건조 기후에 속해 일교차가 크고, 비가 적게 오는 지역으로 '葡萄干儿(pútáogānr, 건포도)' 특산물이 있습니다. 건포도는 일교차가 클수록 건조하는 과정에서 당도가 높아지는데 신장의 기후와 꼭 들어맞아 자연적으로 당도가 가장 높은 건포도 식품을 만들 수 있다고 합니다.

WORDS

时事汉语学院
Shíshì Hànyǔ xuéyuàn
고유 시사중국어학원

A 너는 어디에 가는 거야?

B 나는 시사중국어학원에 가려고 해.

A 지금 밖에 추워?

B 지금 조금 추워, 바람이 세.

A 너는 왜 우산을 챙겨?

B 밖에 비가 오고 있어.

간체자 쓰기

外 外

wài | 外 外 外 外 外 5획

冷 冷

lěng | 冷 冷 冷 冷 冷 冷 冷 7획

风 风

fēng | 风 风 风 风 4획

为 为

wèi | 为 为 为 为 4획

带 带

dài | 带 带 带 带 带 带 带 带 带 9획

正 正

zhèng | 正 正 正 正 正 5획

 你正在做什么?

Nǐ zhèngzài zuò shénme?

我_____。

Wǒ _____.

 你要去哪儿?

Nǐ yào qù nǎr?

我要_____。

Wǒ yào _____.

✳ 확장 문형 배우기

● 심화 보충 단어 ─────────────── TRACK 172

天气预报 tiānqì yùbào 일기예보	气温 qìwēn 기온	打雷 dǎléi 천둥
霜 shuāng 서리	雾 wù 안개	闪电 shǎndiàn 번개
雹子 báozi 우박	晴 qíng 맑다	阴 yīn 흐리다
下雨 xiàyǔ 비가 내리다	下雪 xiàxuě 눈이 내리다	刮风 guāfēng 바람이 불다

● 확장 문형 ─────────────── TRACK 173

✳ 날씨를 묻는 표현

A 今天暖和吗? 오늘 날씨는 따뜻합니까?
Jīntiān nuǎnhuo ma?

B 今天气温有点儿低。 오늘은 기온이 조금 낮습니다.
Jīntiān qìwēn yǒudiǎnr dī.

A 明天天气怎么样? 내일 날씨는 어떻습니까?
Míngtiān tiānqì zěnmeyàng?

B 天气预报说明天下大雨。 일기예보에서 내일 비가 많이 온다고 합니다.
Tiānqì yùbào shuō míngtiān xià dàyǔ.

듣기 1

녹음을 듣고 내용과 관련있는 그림을 보기에서 고르세요.　　　　TRACK 174

(1)　Ⓐ 　　Ⓑ　　Ⓒ

(2)　Ⓐ 　　Ⓑ　　Ⓒ

듣기 2

녹음을 듣고 내용과 관련있는 단어를 보기에서 고르세요.　　　　TRACK 175

(1)　Ⓐ 洗碗　　　　Ⓑ 洗衣机　　　　Ⓒ 照相机

(2)　Ⓐ 热　　　　Ⓑ 冷　　　　Ⓒ 黑

읽기 1

발음에 주의하여 읽어 보세요.　　　　TRACK 176

(1)	洗脸 xǐliǎn	洗碗 xǐwǎn	化妆 huàzhuāng
(2)	暖和 nuǎnhuo	凉快 liángkuai	下雨 xiàyǔ
(3)	手套 shǒutào	护照 hùzhào	照相机 zhàoxiàngjī

읽기 2 다음 문장을 읽어 보세요.

冷。
Lěng.

有点儿冷。
Yǒudiǎnr lěng.

外面有点儿冷。
Wàimiàn yǒudiǎnr lěng.

现在外面有点儿冷。
Xiànzài wàimiàn yǒudiǎnr lěng.

下雨。
Xiàyǔ.

正在下雨。
Zhèngzài xiàyǔ.

正在下雨呢。
Zhèngzài xiàyǔ ne.

外面正在下雨呢。
Wàimiàn zhèngzài xiàyǔ ne.

现在外面正在下雨呢。
Xiànzài wàimiàn zhèngzài xiàyǔ ne.

쓰기 1 다음 문장을 중국어로 완성하세요.

(1) 지금 조금 추워, 바람이 세. → _____

(2) 너는 왜 우산을 챙겨? → _____

(3) 지금 밖에 추워? → _____

(4) 밖에 비가 오고 있어. → _____

쓰기 2 알맞은 어순으로 문장을 완성하세요.

(1) 妈妈 / 呢 / 我 / 化妆 / 正在 → _____

(2) 照相机 / 带 / 为什么 / 你 → _____

(3) 外面 / 吗 / 现在 / 黑 → _____

(4) 风 / 大 / 有点儿 / 外面 → _____

영상강의   원어민MP3

✳ **핵심 주제**

• 실례지만, 병원이 여기서 먼가요?

• 정류장은 어떻게 가요?

✳ **핵심 어법**

• 전치사 离 / 往

• 연동문(连动词)

• 의문대사 怎么

A 请问, 医院离这儿远吗? 실례지만, 병원이 여기서 먼가요?
Qǐngwèn, yīyuàn lí zhèr yuǎn ma?

B 非常远, 你坐公交车去吧。 아주 멀어요. 버스를 타고 가세요.
Fēicháng yuǎn, nǐ zuò gōngjiāochē qù ba.

'离+장소+远/近'은 '~에서부터 멀다/가깝다'는 표현으로 쓰이는데, 우리말의 '백화점은 여기서 멀어요?/정류장은 여기서 가까워.' 같은 표현을 할 때 사용해요. 또, 우리말의 '영화 ①보러 ②간다./ 자전거 ①타고 ②출근해.'와 같이 중국어도 하나의 주어에 동사가 두 개 이상 올 수 있는데, 이를 '연동문(连动词)'이라고 해요. 이때 동사의 어순은 발생 순서대로이고, 의미는 목적 혹은 방식을 나타내요.

A 请问, 首尔大学离这儿近吗?
Qǐngwèn, Shǒu'ěr Dàxué lí zhèr jìn ma?
실례지만, 서울대학교는 여기서 가깝나요?

B 非常远, 你坐地铁去吧。
Fēicháng yuǎn, nǐ zuò dìtiě qù ba.
아주 멀어요. 지하철을 타고 가세요.

WORDS

请问 qǐngwèn 통 실례지만, 말씀 좀 여쭙겠습니다
离 lí 전 ~부터, ~까지
这儿 zhèr 대 여기, 이곳
非常 fēicháng 부 매우, 아주
坐 zuò 통 (교통수단을) 타다, 앉다
公交车 gōngjiāochē 명 버스
首尔大学 Shǒu'ěr Dàxué 고유 서울대학교
近 jìn 형 가깝다
地铁 dìtiě 명 지하철
汉江公园 Hànjiāng Gōngyuán 고유 한강공원
公司 gōngsī 명 회사
仁川机场 Rénchuān jīchǎng 고유 인천 공항
飞机 fēijī 명 비행기
打车 dǎchē 통 택시를 타다

***

연동문의 용법
1. 두 번째 동사는 목적을 나타내요.
• 他们去百货商店买电脑。
Tāmen qù bǎihuò shāngdiàn mǎi diànnǎo.
그들은 백화점에 컴퓨터를 사러 간다.
• 我去英国留学。
Wǒ qù Yīngguó liúxué.
나는 영국으로 유학 가요.
2. 첫 번째 동사는 방식을 나타내요.
• 他坐地铁去公司。
Tā zuò dìtiě qù gōngsī.
그는 지하철을 타고 회사에 간다.

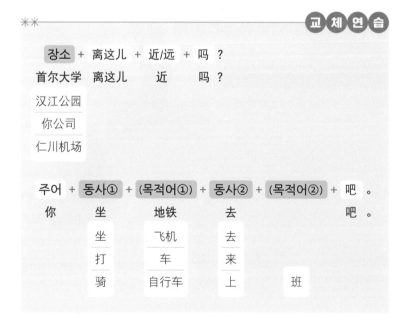

178

> **A** 车站怎么走? 정류장은 어떻게 가요?
> Chēzhàn zěnme zǒu?
>
> **B** 往前走，往右拐，过十字路口就到。
> Wǎng qián zǒu, wǎng yòu guǎi, guò shízì lùkǒu jiù dào.
> 직진해서, 우회전하면, 사거리 건너 바로 도착해요.

의문대사 '怎么'는 동사 앞에서 방식을 물을 때 사용해요. 전치사 '往'은 방위사를 뒤에 붙여 동작의 방향을 드러내는데, 우리말의 '~쪽으로'라고 생각하면 돼요. 또 부사 '就'는 '过十字路口'와 '到'를 긴밀하게 연결해 주는 연결부사로, 앞의 행위 뒤에 바로 뒤의 행위가 이어진다는 것을 나타내요.

A 地铁站怎么走? 지하철역은 어떻게 가요?
  Dìtiězhàn zěnme zǒu?

B 往前走，到十字路口往左拐，过红绿灯就到。
  Wǎng qián zǒu, dào shízì lùkǒu wǎng zuǒ guǎi, guò hónglǜdēng jiù dào.
  직진해서, 사거리 도착하면 좌회전해서, 신호등을 건너면 바로 도착해요.

WORDS

怎么 zěnme 의 어떻게

走 zǒu 통 가다, 걷다

往 wǎng 전 ~을/를 향해, ~쪽으로

前 qián 명 앞

右 yòu 명 오른쪽

拐 guǎi 통 돌다, 꺾다

过 guò 통 (지점을) 지나다, 건너다

十字路口 shízì lùkǒu 명 사거리

就 jiù 부 바로, 곧

到 dào 통 도착하다

地铁站 dìtiězhàn 명 지하철역

左 zuǒ 명 왼쪽

红绿灯 hónglǜdēng 명 신호등

故宫 Gùgōng 고유 고궁(자금성)

百货商店 bǎihuòshāngdiàn 명 백화점

丁字路口 dīngzì lùkǒu 명 삼거리

马路 mǎlù 명 도로

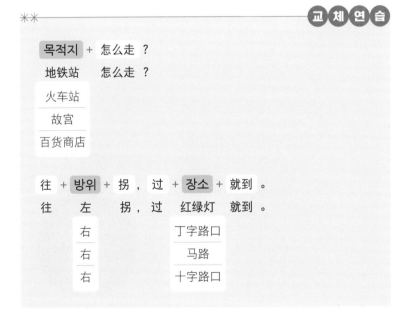

교체연습

목적지	+	怎么走 ？
地铁站		怎么走 ？
火车站		
故宫		
百货商店		

往	+	방위	+	拐	，	过	+	장소		就到	。
往		左		拐	，	过		红绿灯		就到	。
		右						丁字路口			
		右						马路			
		右						十字路口			

***

'怎么'의 용법

'怎么'는 상대방에게 이유를 듣고 싶기보다는 약간의 불만을 표현할 때도 사용해요.

• 你怎么还不起床?
  Nǐ zěnme hái bù qǐchuáng?
  넌 어째서 아직도 안 일어나니?

• 你怎么还不做作业?
  Nǐ zěnme hái bú zuò zuòyè?
  넌 어째서 아직도 숙제를 안 하니?

• 他怎么还不来?
  Tā zěnme hái bù lái?
  그는 어째서 아직도 안 와?

회화를 내 것으로!

—— 한 남자가 병원에 가기 위해 길을 물으며

A 请问，医院离这儿远吗？

Qǐngwèn, yīyuàn lí zhèr yuǎn ma?

B 非常远，你坐公交车去吧。

Fēicháng yuǎn, nǐ zuò gōngjiāochē qù ba.

A 车站怎么走？

Chēzhàn zěnme zǒu?

B 往前走，往右拐，过十字路口就到。

Wǎng qián zǒu, wǎng yòu guǎi, guò shízì lùkǒu jiù dào.

A 坐几路公交车？

Zuò jǐ lù gōngjiāochē?

B 坐15路公交车。

Zuò shíwǔ lù gōngjiāochē.

WORDS

几路 jǐ lù 몇 번

A 실례지만, 병원이 여기서 먼가요?

B 아주 멀어요. 버스를 타고 가세요.

A 정류장은 어떻게 가요?

B 직진해서, 우회전하면, 사거리 건너 바로 도착해요.

A 몇 번 버스를 타야 해요?

B 15번 버스를 타세요.

✳ 중국 문화 엿보기 ✳

중국의 샤브샤브 —— 火锅(huǒguō)

전과 다르게 한국에서도 중국의 유명한 음식점에서 중국 음식을 맛볼 수 있는 기회가 많아졌습니다. 그중에서도 '海底捞(Hǎidǐlāo), 加州牛肉面(Jiāzhōu niúròumiàn), 贡茶(Gòng chá)', '鼎泰丰(Dǐngtàifēng)' 등은 한국인들에게 사랑을 많이 받고 있습니다.

관광하기 좋은 서울의 명동에 가면 중국 음식점들이 모여 있어 한번에 여러 음식을 맛볼 수도 있습니다.

중국 음식 가운데 한국인들에게 가장 사랑을 많이 받는 음식은 뭐니뭐니해도 중국의 '火锅(huǒguō)'입니다. 중국의 '火锅'를 한 번이라도 먹어 본 사람은 그 자극적이면서도 풍부한 맛을 잊기 어렵다고 합니다.

우리나라의 샤브샤브와도 비슷한 음식인 '火锅'는 진한 육수에 살짝 데친 고기, 해물, 채소류를 갖가지 양념에 찍어먹는 것으로, 정통 중국 음식을 맛보고 싶다면 '火锅'부터 도전해 보세요!

请	请				

qǐng | 请 请 请 请 请 请 请 请 请 请   10획

离	离				

lí | 离 离 离 离 离 离 离 离 离 离   10획

走	走				

zǒu | 走 走 走 走 走 走 走   7획

往	往				

wǎng | 往 往 往 往 往 往 往 往   8획

前	前				

qián | 前 前 前 前 前 前 前 前 前   9획

就	就				

jiù | 就 就 就 就 就 就 就 就 就 就 就 就   12획

你想吃什么?
Nǐ xiǎng chī shénme?

我想＿＿＿＿＿＿＿＿。
Wǒ xiǎng ＿＿＿＿＿＿＿＿.

我也想吃炸酱面。饭馆儿离这儿远不远?
Wǒ yě xiǎng chī zhájiàngmiàn. Fànguǎnr lí zhèr yuǎn bu yuǎn?

不远。往＿＿＿＿＿，到丁字路口往＿＿＿＿＿。
Bù yuǎn. Wǎng ＿＿＿＿＿, dào dīngzì lùkǒu wǎng ＿＿＿＿＿.

WORDS

炸酱面 zhájiàngmiàn 명 짜장면

✳ 확장 문형 배우기

● 심화 보충 단어 ——————————————————

电影院 diànyǐngyuàn 영화관	图书馆 túshūguǎn 도서관	百货商店 bǎihuòshāngdiàn 백화점
博物馆 bówùguǎn 박물관	酒吧 jiǔbā 술집	便利店 biànlìdiàn 편의점
网吧 wǎngbā PC방	游泳馆 yóuyǒngguǎn 수영장	俱乐部 jùlèbù 클럽
医院 yīyuàn 병원	夜市 yèshì 야시장	药店 yàodiàn 약국

● 확장 문형 ——————————————————

✳ 길을 물을 때 표현

A 夜市怎么走?　　야시장은 어떻게 가요?
　　Yèshì zěnme zǒu?

B 先坐3号线，然后再倒1号线。　　먼저 3호선을 타고 가다가, 1호선으로 갈아타요.
　　Xiān zuò sān hàoxiàn, ránhòu zài dǎo yī hàoxiàn.

· ·

A 你在哪儿下车?　　당신은 어디서 내리나요?
　　Nǐ zài nǎr xiàchē?

B 我两站后下车。　　두 정거장 후에 내려요.
　　Wǒ liǎng zhàn hòu xiàchē.

연습은 실전같이!

듣기 1 녹음을 듣고 내용과 관련있는 그림을 보기에서 고르세요. **TRACK 185**

(1) Ⓐ Ⓑ  Ⓒ

(2) Ⓐ  Ⓑ  Ⓒ

듣기 2 녹음을 듣고 내용과 관련있는 단어를 보기에서 고르세요. **TRACK 186**

(1) Ⓐ 书店 Ⓑ 邮局 Ⓒ 汉江公园

(2) Ⓐ 地铁站 Ⓑ 红绿灯 Ⓒ 马路

읽기 1 발음에 주의하여 읽어 보세요. **TRACK 187**

(1)
很远	非常近	过马路
hěn yuǎn	fēicháng jìn	guò mǎlù

(2)
往左拐	往右拐	往前走
wǎng zuǒ guǎi	wǎng yòu guǎi	wǎng qián zǒu

(3)
十字路口	丁字路口	红绿灯
shízì lùkǒu	dīngzì lùkǒu	hónglǜdēng

다음 문장을 읽어 보세요.

医院。
Yīyuàn.

这儿。
Zhèr.

去医院。
Qù yīyuàn.

离这儿很远。
Lí zhèr hěn yuǎn.

坐公交车去医院。
Zuò gōngjiāochē qù yīyuàn.

学校离这儿很远。
Xuéxiào lí zhèr hěn yuǎn.

你坐公交车去医院吧。
Nǐ zuò gōngjiāochē qù yīyuàn ba.

学校离这儿远吗?
Xuéxiào lí zhèr yuǎn ma?

쓰기 1 다음 문장을 중국어로 완성하세요.

(1) 좀 멀어요. 버스를 타고 가세요. → _____

(2) 실례지만, 병원이 여기서 먼가요? → _____

(3) 정류장은 어떻게 가요? → _____

(4) 직진해서, 우회전하면, 사거리 건너 바로 도착해요.

→ _____

쓰기 2 알맞은 어순으로 문장을 완성하세요.

(1) 这儿 / 离 / 吗 / 首尔大学 / 近 → _____

(2) 红绿灯 / 到 / 过 / 就 → _____

(3) 吧 / 你 / 去 / 坐地铁 → _____

(4) 咖啡厅 / 走 / 学校的 / 怎么 → _____

영상강의　원어민MP3

✳ **핵심 주제**

• 여보세요, 당신의 남편은 집에 있나요?
• 그는 언제 집에 돌아와요?

✳ **핵심 어법**

• 동사 在
• 전치사 给
• 의문대사 什么时候

 **회화의 토대는 어법**

A 喂，你爱人在家吗? 여보세요, 당신 남편은 집에 있나요?
Wéi, nǐ àiren zài jiā ma?

B 不好意思，他不在家，在公司。
Bù hǎoyìsi, tā bú zài jiā, zài gōngsī.
죄송하지만, 그는 집에 없고, 회사에 있어요.

앞에서 배운 '전치사 在+장소' 기억나시죠?(Unit11 참조) 이번에는 '동사 在'를 배워 볼게요. '~에 있다'는 뜻으로, 특정한 '사람/사물/장소'의 위치를 말할 때 사용해요. 부정형은 '不在 bú zài'를 사용하고, '在' 뒤에는 주로 장소나 방위사가 와요.

A 你姐姐在家吗? 너희 언니는 집에 있어?
Nǐ jiějie zài jiā ma?

B 不好意思，她不在家，在学校。
Bù hǎoyìsi, tā bú zài jiā, zài xuéxiào.
죄송하지만, 언니는 집에 없고, 학교에 있어요.

WORDS

喂 wéi ⟨감⟩ 여보세요

在 zài ⟨동⟩ ~에 있다

办公室 bàngōngshì ⟨명⟩ 사무실

超市 chāoshì ⟨명⟩ 슈퍼마켓

健身房 jiànshēnfáng
⟨명⟩ 헬스클럽

酒吧 jiǔbā ⟨명⟩ 술집, 바

宿舍 sùshè ⟨명⟩ 기숙사

교체연습

주어 + 在 + 장소 + 吗 ?
你姐姐　在　家　吗 ?

你爸爸　　办公室
你妈妈　　超市
你哥哥　　健身房

주어 + 不在 + 장소 , 在 + 장소 。
她　不在　家 , 在　学校 。

酒吧　　健身房
办公室　咖啡厅
宿舍　　超市

'동사 在'의 용법
우리말의 '아버지 계시니?'와 같이 특정한 인물의 존재를 물을 때도 '동사 在'를 사용해요.

• A 你爸爸在吗?
Nǐ bàba zài ma?
아버지 계시니?

B 他在。
Tā zài.
아버지 계세요.

• A 老师在吗?
Lǎoshī zài ma?
선생님 계세요?

B 老师不在。
Lǎoshī bú zài.
선생님 안 계세요.

188

> **A** 他什么时候回家? 그는 언제 집에 돌아와요?
> Tā shénme shíhou huíjiā?

> **B** 我不知道，你给他打电话吧。
> Wǒ bù zhīdao, nǐ gěi tā dǎ diànhuà ba.
> 저는 몰라요. 그에게 전화해 보세요.

'给'는 전치사(介词)로 '~에게 ~을 하다'와 같은 문장에서 수혜자를 동반해요. 일상생활 속에서 누군가에게 '선물/전화/문자/메일' 등을 보낼 때 자주 사용해요.

A 他什么时候出差? 그는 언제 출장가나요?
Tā shénme shíhou chūchāi?

B 我不知道，你给他打电话吧。
Wǒ bù zhīdao, nǐ gěi tā dǎ diànhuà ba.
저는 몰라요. 그에게 전화해 보세요.

WORDS

什么时候 shénme shíhou 의 언제
回家 huíjiā 동 귀가하다
知道 zhīdao 동 알다
给 gěi 전 ~에게
打电话 dǎ diànhuà 전화를 걸다
出差 chūchāi 동 출장하다
毕业 bìyè 동 졸업하다
过生日 guò shēngrì 생일을 지내다
有空儿 yǒu kòngr 시간이 (짬이) 있다
发 fā 동 보내다, 발송하다
短信 duǎnxìn 명 문자
礼物 lǐwù 명 선물
邮件 yóujiàn 명 우편물

교체연습

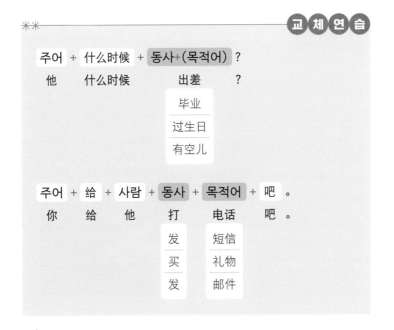

***
'~的时候/~时'의 '~할(일) 때/~한(인) 때' 용법

1. '~的时候' 표현
- 累的时候，来休息。
Lèi de shíhou, lái xiūxi.
피곤할 때 쉬러 와요.

- 上课的时候，大声说。
Shàngkè de shíhou, dàshēng shuō.
수업할 때, 큰 소리로 말하세요.

2. '~时' 표현
- 吃饭时，给我打电话。
Chīfàn shí, gěi wǒ dǎ diànhuà.
밥 먹을 때, 나에게 전화 줘요.

- 上大学时，我去中国留学了。
Shàng dàxué shí, wǒ qù Zhōngguó liúxué le.
대학 때, 나는 중국에 유학 갔었어요.

✳ 🐶 회화를 내 것으로!

A 喂，你爱人在家吗?
Wéi, nǐ àiren zài jiā ma?

B 不好意思，他不在家，在公司。
Bù hǎoyìsi, tā bú zài jiā, zài gōngsī.

A 他什么时候回家?
Tā shénme shíhou huíjiā?

B 我不知道，你给他打电话吧。
Wǒ bù zhīdao, nǐ gěi tā dǎ diànhuà ba.

A 我不知道他的电话号码。
Wǒ bù zhīdao tā de diànhuà hàomǎ.

B 我告诉你吧。
Wǒ gàosu nǐ ba.

✳ **중국 문화 엿보기** ✳

메신저

한국에서는 거의 모든 사람이 '카카오톡' 혹은 '라인'과 같은 메시지 어플을 사용하여 사람과 대화도 하고 메시지를 주고받습니다. 그렇다면 중국인들은 무엇을 사용하여 대화를 나눌까요?

중국에서 가장 광범위하게 사용되는 것은 바로 'QQ'와 '微信(wèixìn, wechat)'입니다. 인터넷과 스마트폰을 사용하는 인구가 늘어남에 따라 중국에서도 'QQ'와 같은 채팅 메신저, '微信'과 같은 채팅 앱이 차례대로 개발되었습니다. 이런 앱들의 개발로 시공간을 초월하여 친구들과 대화할 수 있게 되었습니다. 중국인들의 사랑 속에 현재는 'QQ'와 '微信'의 수요가 전 세계적으로 확산되어 유학생들이 중국에서 유학하면서 'QQ'를 사용해 친구들과 이야기를 나누기도 하고, 과제를 함께 공유할 수 있습니다. 스마트폰 '微信'을 사용해 중국에서 알고 지내던 친구들과 여전히 연락을 주고받을 수 있어서 편리합니다.

WORDS

电话号码 diànhuà hàomǎ 전화번호
告诉 gàosu 통 알리다, 말하다

A 여보세요, 당신 남편은 집에 있나요?
B 죄송하지만, 그는 집에 없고, 회사에 있어요.
A 그는 언제 집에 돌아와요?
B 저는 몰라요. 그에게 전화해 보세요.
A 저는 그의 전화번호를 몰라요.
B 제가 알려 드릴게요.

意 意
yì | 意 意 意 意 意 意 意 意 意 意 意 意   13획

时 时
shí | 时 时 时 时 时 时 时   7획

候 候
hòu | 候 候 候 候 候 候 候 候 候 候   10획

知 知
zhī | 知 知 知 知 知 知 知 知   8획

道 道
dào | 道 道 道 道 道 道 道 道 道 道 道 道   12획

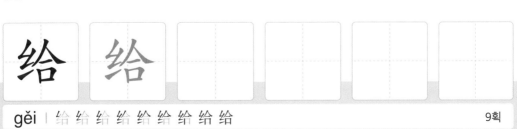

给 给
gěi | 给 给 给 给 给 给 给 给 给   9획

TRACK 193

你们老板在公司吗?
Nǐmen lǎobǎn zài gōngsī ma?

他不＿＿＿＿＿＿＿＿，在北京。
Tā bú ＿＿＿＿＿＿＿＿＿, zài Běijīng.

他＿＿＿＿＿＿＿回韩国?
Tā ＿＿＿＿＿＿＿＿ huí Hánguó?

他下个月回韩国。
Tā xià ge yuè huí Hánguó.

WORDS

老板 lǎobǎn 몡 사장님　　下个月 xià ge yuè 다음 달

✳ 확장 문형 배우기

警察局(110) jǐngchájú (yāo yāo líng) 경찰서	消防局(119) xiāofángjú (yāo yāo jiǔ) 소방서	急救室(120) jíjiùshì (yāo èr líng) 응급실
查号台(114) cháhàotái (yāo yāo sì) 전화번호 안내 센터	空号 kōnghào 결번	欠费 qiànfèi 요금 부족
关机 guānjī 핸드폰을 끄다	留言 liúyán 메시지를 남기다	占线 zhànxiàn 통화 중이다
按 àn (손이나 손가락 등으로) 누르다	停机 tíngjī 통화 서비스를 정지하다	拨 bō (전화를) 걸다

✳ 전화 안내 표현

1 您所拨打的电话已关机。 지금 거신 전화는 전원이 꺼진 상태입니다.
   Nín suǒ bō dǎ de diànhuà yǐ guānjī.

2 您所拨打的电话正在通话中，请稍后再拨。
   Nín suǒ bō dǎ de diànhuà zhèngzài tōnghuà zhōng, qǐng shāohòu zài bō.
   지금 거신 전화는 통화 중입니다. 잠시 후에 다시 걸어 주시기 바랍니다.

3 您所拨打的电话已停机。 지금 거신 전화는 사용이 정지되었습니다.
   Nín suǒ bō dǎ de diànhuà yǐ tíngjī.

4 您所拨打的号码是空号。 지금 거신 번호는 없는 번호입니다.
   Nín suǒ bō dǎ de hàomǎ shì kōnghào.

 듣기 1 녹음을 듣고 내용과 관련있는 그림을 보기에서 고르세요. **TRACK 196**

(1) Ⓐ  Ⓑ Ⓒ

(2) Ⓐ  Ⓑ  Ⓒ

듣기 2 녹음을 듣고 내용과 관련있는 단어를 보기에서 고르세요. **TRACK 197**

(1) Ⓐ 发短信　　　　Ⓑ 发邮件　　　　Ⓒ 过生日

(2) Ⓐ 毕业　　　　　Ⓑ 回家　　　　　Ⓒ 在家

읽기 1 발음에 주의하여 읽어 보세요. **TRACK 198**

(1)
宿舍	公司	办公室
sùshè	gōngsī	bàngōngshì

(2)
有空儿	有时间	去超市
yǒu kòngr	yǒu shíjiān	qù chāoshì

(3)
打电话	发短信	发邮件
dǎ diànhuà	fā duǎnxìn	fā yóujiàn

다음 문장을 읽어 보세요.

家。
Jiā.

发短信。
Fā duǎnxìn.

在家。
Zài jiā.

给他发短信。
Gěi tā fā duǎnxìn.

不在家。
Bú zài jiā.

你给他发短信。
Nǐ gěi tā fā duǎnxìn.

她不在家。
Tā bú zài jiā.

你给他发短信吧。
Nǐ gěi tā fā duǎnxìn ba.

她不在家，在公司。
Tā bú zài jiā, zài gōngsī.

晚上你给他发短信吧。
Wǎnshang nǐ gěi tā fā duǎnxìn ba.

쓰기 1

다음 문장을 중국어로 완성하세요.

(1) 죄송해요, 그는 집에 없고, 회사에 있어요. →

(2) 저는 몰라요. 그에게 전화해 보세요. →

(3) 여보세요, 당신 남편은 집에 있나요? →

(4) 그는 언제 집에 돌아와요? →

쓰기 2

알맞은 어순으로 문장을 완성하세요.

(1) 爸爸 / 什么时候 / 你 / 回家 →

(2) 吗 / 在 / 家 / 你妈妈 →

(3) 我 / 给 / 打电话 / 朋友 →

(4) 在 / 哥哥 / 公司 / 不 →

memo

✳ 복습 ✳

UNIT
10
/
UNIT
11

UNIT
12
/
UNIT
13

UNIT
14
/
UNIT
15

오늘이 몇 월 며칠이야?	今天几月几号? Jīntiān jǐ yuè jǐ hào?
오늘은 1월 9일이야.	今天一月九号。 Jīntiān yī yuè jiǔ hào.
그럼 네 생일이 토요일이야?	那你的生日是星期六吗? Nà nǐ de shēngrì shì xīngqīliù ma?
내 생일은 토요일이 아니고, 일요일이야.	我的生日不是星期六，是星期天。 Wǒ de shēngrì bú shì xīngqīliù, shì xīngqītiān.

너는 내일 서단에 가려고 하니?	你明天要去西单吗? Nǐ míngtiān yào qù Xīdān ma?
나는 내일 서단에 가고 싶지 않아.	我明天不想去西单。 Wǒ míngtiān bù xiǎng qù Xīdān.
그럼 우리 어디에서 만날까?	那我们在哪儿见? Nà wǒmen zài nǎr jiàn?
우리 천안문에서 만나자.	我们在天安门见吧。 Wǒmen zài Tiān'ānmén jiàn ba.

이 옷은 얼마예요?	这件衣服多少钱? Zhè jiàn yīfu duōshao qián?
350위안이에요.	三百五十块。 Sānbǎi wǔshí kuài.
300위안에 팔 수 있어요?	三百块能卖吗? Sānbǎi kuài néng mài ma?
미안해요. 팔 수 없어요.	不好意思，不能卖。 Bù hǎoyìsi, bù néng mài.

지금 밖에 추워?

现在外面冷吗?

Xiànzài wàimiàn lěng ma?

지금 조금 추워, 바람이 세.

现在有点儿冷，风很大。

Xiànzài yǒudiǎnr lěng, fēng hěn dà.

너는 왜 우산을 챙겼어?

你为什么带雨伞?

Nǐ wèishénme dài yǔsǎn?

밖에 비가 오고 있어.

外面正在下雨呢。

Wàimiàn zhèngzài xiàyǔ ne.

실례지만, 병원이 여기서 먼가요?

请问，医院离这儿远吗?

Qǐngwèn, yīyuàn lí zhèr yuǎn ma?

아주 멀어요. 버스를 타고 가세요.

非常远，你坐公交车去吧。

Fēicháng yuǎn, nǐ zuò gōngjiāochē qù ba.

정류장은 어떻게 가요?

车站怎么走?

Chēzhàn zěnme zǒu?

직진해서, 우회전하면, 사거리
건너 바로 도착해요.

往前走，往右拐，过十字路口就到。

Wǎng qián zǒu, wǎng yòu guǎi, guò shízì lùkǒu jiù dào.

여보세요, 당신 남편은 집에
있나요?

喂，你爱人在家吗?

Wéi, nǐ àiren zài jiā ma?

죄송해요. 그는 집에 없고, 회사에
있어요.

不好意思，他不在家，在公司。

Bù hǎoyìsi, tā bú zài jiā, zài gōngsī.

그는 언제 집에 돌아와요?

他什么时候回家?

Tā shénme shíhou huíjiā?

저는 몰라요. 그에게 전화해
보세요.

我不知道，你给他打电话吧。

Wǒ bù zhīdao, nǐ gěi tā dǎ diànhuà ba.

기간을 물어볼 때는?

你会开车吗?
Nǐ huì kāichē ma?

我当然会开车。
Wǒ dāngrán huì kāichē.

✳ 핵심 주제

• 너는 운전할 줄 알아?
• 너는 얼마나 배웠어?

✳ 핵심 어법

• 조동사 会
• 시량보어(时量补语)
• 동태조사 了

A 你会开车吗? 너는 운전할 줄 알아?
Nǐ huì kāichē ma?

B 我当然会开车。 나는 당연히 운전할 줄 알지.
Wǒ dāngrán huì kāichē.

우리말의 '중국어 할 줄 알아?'와 같이 배워서 '~할 줄 알다'를 표현할 때 조동사 '会'를 사용해요. 부정형은 '不会 bú huì'를 사용하고, 조동사가 있을 때 정반의 문문은 조동사를 긍정, 부정해서 '会不会 huì bu huì'라고 해요.

A 你会说汉语吗? 너는 중국어를 할 줄 알아?
Nǐ huì shuō Hànyǔ ma?

B 我当然会说汉语。 나는 당연히 중국어를 할 줄 알지.
Wǒ dāngrán huì shuō Hànyǔ.

WORDS

会 huì 조동 ~할 줄 알다

当然 dāngrán
부 당연히, 물론 형 당연하다

说 shuō 동 말하다

游泳 yóuyǒng 동 수영하다

跳舞 tiàowǔ 동 춤을 추다

中国菜 zhōngguócài
명 중국 요리

唱 chàng 동 노래하다

弹 tán 동 (악기를) 치다, 연주하다

甜蜜蜜 Tiánmìmì
고유 첨밀밀 (노래 제목)

吉他 jítā 명 기타

✳✳ 교 체 연 습

주어	+	会	+	동사	+	목적어	+	吗 ?
你		会		说		汉语		吗 ?
				游		泳		
				跳		舞		
				做		中国菜		

주어	+	会	+	동사	+	목적어	.
我		会		说		汉语	.
				唱		甜蜜蜜	
				弹		吉他	
				化		妆	

✳✳✳

시점과 시간의 양을 나타내는 단위

시점 (언제)	시량 (얼마 동안)
年 년 nián	年 년 nián
月 월 yuè	个月 개월 ge yuè
号 / 日 일 hào / rì	天 일 tiān
星期 주 xīngqī	(个)星期 주 (ge) xīngqī
点 시 diǎn	(个)小时 시간 (ge) xiǎoshí
分 분 fēn	分钟 분 fēnzhōng

A 你学了多长时间? 너는 얼마나 배웠어?
Nǐ xué le duō cháng shíjiān?

B 我学了两个月。 나는 두 달 (동안) 배웠어.
Wǒ xué le liǎng ge yuè.

행위를 지속한 시간을 '시량(时量)'이라고 하는데, 중국어에서 시량은 동사 뒤, 목적어 앞에 써요. 또 시간의 단위마다 각각 특수한 양사를 사용해요. 동사 뒤에 수량이나 수식어로 제한된 행위를 완성했다는 표현은 동사 바로 뒤 동태조사 '了'를 붙여 줘요.

A 你睡了多长时间? 너는 얼마나 잤어?
Nǐ shuì le duō cháng shíjiān?

B 我睡了六个小时。 나는 6시간 잤어.
Wǒ shuì le liù ge xiǎoshí.

WORDS

了 le 조 ~했다 (동사 뒤에 쓰여 동작이 이미 완료되었음을 나타냄)
多长时间 duō cháng shíjiān 얼마나 (시간의 양)
睡 shuì 동 (잠을) 자다
小时 xiǎoshí 명 시간
工作 gōngzuò 동 일하다
跑 pǎo 동 뛰다
谈恋爱 tán liàn'ài 연애하다
星期 xīngqī 명 주, 요일
出租车 chūzūchē 명 택시

교체연습 ✲✲

주어	+ 동사	+ 了	+ 多长时间 ?
你	睡	了	多长时间 ?
	工作		
	等		
	跑		

주어	+ 동사	+ 了	+ 수사	+ 시량보어	+ (목적어) 。
我	睡	了		六个小时	。
	学		三个星期		汉语
	开		十年		出租车
	谈		六个月		恋爱

✲✲✲
'了'의 용법
지속을 나타내는 시량보어에서 동사 바로 뒤의 '了'와 문장 맨 끝 '了'의 의미를 비교해 볼게요.

• 我学了一年汉语。
Wǒ xué le yì nián Hànyǔ.
나는 중국어를 1년 배웠다.

▶ 동사 뒤의 '了'는 완성을 나타내기 때문에 현재는 중국어를 배우지 않는다는 의미예요.

• 我学了一年汉语了。
Wǒ xué le yì nián Hànyǔ le.
나는 중국어를 일 년째 배우고 있다.

▶ 이처럼 문장 맨 뒤의 '了'가 수량사와 같이 쓰이게 되면 현재까지 지속하고 있는 행위를 말해요.

──── 멋진 스포츠카가 지나가는 것을 본 두 남녀가 운전에 대해 대화하며　TRACK 202 ㅣ 203

A 你会开车吗?
　　Nǐ huì kāichē ma?

B 我当然会开车，你呢?
　　Wǒ dāngrán huì kāichē, nǐ ne?

A 我不会。你学了多长时间?
　　Wǒ bú huì. Nǐ xué le duō cháng shíjiān?

B 我学了两个月。
　　Wǒ xué le liǎng ge yuè.

A 学开车难不难?
　　Xué kāichē nán bu nán?

B 一点儿也不难。
　　Yìdiǎnr yě bù nán.

A 你能教我吗?
　　Nǐ néng jiāo wǒ ma?

B 没问题，可是我没有车。
　　Méi wèntí, kěshì wǒ méiyǒu chē.

WORDS

一点儿也 yìdiǎnr yě 수량 조금도

A 너는 운전할 줄 알아?
B 나는 당연히 운전할 줄 알지, 너는?
A 나는 못해. 너는 얼마나 배웠어?
B 나는 두 달 (동안) 배웠어.
A 운전 배우는 거 어려워?
B 조금도 어렵지 않아.
A 너는 나를 가르쳐 줄 수 있어?
B 문제없어. 그런데 나는 차가 없어.

✳ 중국 문화 엿보기 ✳

중국의 술자리 문화

국가마다 고유한 술자리 문화가 있습니다. 중국은 다른 사람과 잔을 부딪칠 때는 두 손을 사용해야 합니다. 정확한 방법은 왼손으로 잔 아래를 받치고, 오른손으로 잔을 쥐어야 합니다.

상대가 술을 따르면 술을 받는 사람은 두 번째 손가락과 세 번째 손가락을 구부려 탁자를 가볍게 두드려 감사의 뜻을 표합니다. 이러한 관습은 청대(清代)부터 유래된 것으로 현재까지도 이어지고 있습니다. 또한 술을 마시지 못하는 사람을 배려한 문화도 돋보입니다. '以茶代酒(yǐ chá dài jiǔ)'라고 말하고 주스와 차로 술을 대신해 술 자리의 예의를 갖추기도 합니다.

会 会
huì | 会 会 会 会 会 会　6획

车 车
chē | 车 车 车 车　4획

当 当
dāng | 当 当 当 当 当 当　6획

然 然
rán | 然 然 然 然 然 然 然 然 然 然 然 然　12획

长 长
cháng | 长 长 长 长　4획

间 间
jiān | 间 间 间 间 间 间 间　7획

TRACK 204

你要去哪儿?

Nǐ yào qù nǎr?

我＿＿＿＿＿(游泳馆)。我每天去游泳。

Wǒ ＿＿＿＿＿ (yóuyǒngguǎn). Wǒ měitiān qù yóuyǒng.

你每天游多长时间?

Nǐ měitiān yóu duō cháng shíjiān?

我每天游＿＿＿＿＿(个小时)。

Wǒ měitiān yóu ＿＿＿＿＿ (ge xiǎoshí).

WORDS

每天 měitiān 〔튀〕 매일, 날마다

206

✳ 확장 문형 배우기

● 심화 보충 단어 ────────────────

弹吉他 tán jítā 기타를 치다	弹钢琴 tán gāngqín 피아노를 치다	钓鱼 diàoyú 낚시하다
下棋 xiàqí 장기를 두다	画画儿 huà huàr 그림을 그리다	踢足球 tī zúqiú 축구를 하다
书法 shūfǎ 서예	瑜伽 yújiā 요가	拉大提琴 lā dàtíqín 첼로를 켜다
游泳 yóuyǒng 수영하다	做菜 zuòcài 요리를 하다	滑雪 huáxuě 스키를 타다

● 확장 문형 ────────────────

✳ 여가 활동을 묻는 표현

A 你业余时间做什么?　당신은 여가 시간에 무엇을 합니까?
　　Nǐ yèyú shíjiān zuò shénme?

B 我喜欢踢足球。　저는 축구하는 것을 좋아합니다.
　　Wǒ xǐhuan tī zúqiú.

A 你经常踢足球吗?　당신은 자주 축구를 합니까?
　　Nǐ jīngcháng tī zúqiú ma?

B 至少一周一次。　적어도 일주일에 한 번은 합니다.
　　Zhìshǎo yì zhōu yí cì.

연습은 실전같이!

녹음을 듣고 내용과 관련있는 단어를 보기에서 고르세요.   TRACK 207

(1) Ⓐ 起床   Ⓑ 运动   Ⓒ 弹吉他

(2) Ⓐ 三个星期   Ⓑ 三个小时   Ⓒ 一个小时

녹음을 듣고 내용과 관련있는 문장(단어)을 보기에서 고르세요.   TRACK 208

(1) Ⓐ 她会开车。   Ⓑ 她会骑自行车。   Ⓒ 她正在开车。

(2) Ⓐ 两年   Ⓑ 一个月   Ⓒ 两个月

발음에 주의하여 읽어 보세요.   TRACK 209

(1)

两个小时	两个月	两年
liǎng ge xiǎoshí	liǎng ge yuè	liǎng nián

(2)

等朋友	弹吉他	开车
děng péngyou	tán jítā	kāichē

(3)

唱歌	跳舞	化妆
chànggē	tiàowǔ	huàzhuāng

다음 문장을 읽어 보세요.

TRACK 210

开车。
Kāichē.

学汉语。
Xué Hànyǔ.

会开车。
Huì kāichē.

学了一个月汉语。
Xué le yí ge yuè Hànyǔ.

我会开车。
Wǒ huì kāichē.

我学了一个月汉语。
Wǒ xué le yí ge yuè Hànyǔ.

我当然会开车。
Wǒ dāngrán huì kāichē.

去年我学了一个月汉语。
Qùnián wǒ xué le yí ge yuè Hànyǔ.

주어진 문장을 중국어로 번역하세요.

(1) 나는 당연히 운전할 줄 알지.

→ _____

(2) 너는 얼마나 배웠어?

→ _____

알맞은 어순으로 문장을 완성하세요.

(1) 会 / 你 / 吗 / 中国菜 / 做

→ _____

(2) 做了 / 工作 / 两个小时 / 我

→ _____

약속에 갈 때는?

你约她了吗?
Nǐ yuē tā le ma?

早就约了。
Zǎojiù yuē le.

영상강의

원어민MP3

✳ **핵심 주제**

• 너는 그녀와 약속했어?

• 너는 왜 운전해서 안 가고?

✳ **핵심 어법**

• 어기조사 了

• 결과보어(结果补语)

A 你约她了吗? 너는 그녀와 약속했어?
Nǐ yuē tā le ma?

B 早就约了。 진작에 약속했지.
Zǎojiù yuē le.

문장 끝에 어기조사 '了'를 붙이면 어떤 행위가 이미 일어났다는 것을 나타내며, 우리말에 '~했다'라는 뜻이에요. 반복적인 행위가 아닌 단순한 일회성 동작을 했을 때 써요.(어법 TIP 참고)

A 你下班了吗? 너는 퇴근했어?
Nǐ xiàbān le ma?

B 早就下班了。 진작에 퇴근했지.
Zǎojiù xiàbān le.

WORDS

约 yuē 통 약속하다
早就 zǎojiù 부 이미, 진작에
结婚 jiéhūn 통 결혼하다
作业 zuòyè 명 숙제
电影票 diànyǐngpiào 명 영화표
忘 wàng 통 잊다
放假 fàngjià 통 방학하다

✱✱✱

1. '了'가 들어간 문장의 부정형은 '没 + 동사' 형태로 쓰고, 문장 끝에 '了'가 붙지 않아요!
   - 我没吃饭。
     Wǒ méi chīfàn.
     나는 밥을 먹지 않았다.
   - 他们没来上课。
     Tāmen méi lái shàngkè.
     그들은 수업에 오지 않았다.

2. 형용사술어문에서는 이미 지난 일이라도 '了'를 사용하지 않아요!
   - 我昨天很累。
     Wǒ zuótiān hěn lèi.
     난 어제 피곤했다.
   - 他昨天很忙。
     Tā zuótiān hěn máng.
     그는 어제 바빴다.

3. 지속적/반복적 행위도 '了'를 사용하지 않아요!
   - 去年我在中国。
     Qùnián wǒ zài Zhōngguó.
     작년에 나는 중국에 있었다.
   - 去年我常常去海边玩儿。
     Qùnián wǒ chángcháng qù hǎibiān wánr.
     작년에 나는 자주 해변에 가서 놀았다.

교체연습

주어	+	동사	+	(목적어)	+	了	+	吗	?
你		下		班		了		吗	?
		做		作业					
		买		电影票					
		结		婚					

早就	+	동사	+	(목적어)	+	了	。
早就		下		班		了	。
		到		家			
		忘					
		放		假			

212

A 你为什么不开车去? 너는 왜 운전해서 안 가고?
Nǐ wèishénme bù kāichē qù?

B 我的车撞坏了。 내 차 부딪쳐서 고장 났어.
Wǒ de chē zhuàng huài le.

우리말의 '부딪쳐서 고장 났어.(부딪치다(撞)+고장 나다(坏))' 또는 '준비를 다했어.(준비하다(准备)+마치다(好))'와 같이 행위와 그 결과를 동시에 나타낼 때 동사 뒤에 '결과보어(结果补语)'를 사용해요.

A 你为什么不打车去? 너는 왜 택시를 안 타고 가?
Nǐ wèishénme bù dǎchē qù?

B 我的钱花光了。 나는 돈을 다 써 버렸어.
Wǒ de qián huā guāng le.

WORDS

撞 zhuàng 동 부딪치다
坏 huài 형 고장 나다
花 huā 동 쓰다, 소비하다
光 guāng 형 조금도 남지 않다
参加 cānjiā 동 참가하다
错 cuò 형 틀리다
完 wán 동 다 하다
懂 dǒng 동 이해하다, 알다

***

자주 쓰이는 결과보어

完 wán 끝마치다
做完 zuò wán 다 하다
写完 xiě wán 다 쓰다

到 dào (목적에) 도달하다
找到 zhǎo dào 찾게 되다
买到 mǎi dào 사게 되다

好 hǎo 마치다/만족스럽다
准备好 준비를 마치다
zhǔnbèi hǎo

错 cuò 틀리다
坐错 zuò cuò 잘못 타다
打错 dǎ cuò (전화를) 잘못 걸다

光 guāng 아무것도 없이 텅 비다
吃光 chī guāng 다 먹어 버리다
花光 huā guāng 다 써 버리다

清楚 qīngchu 분명하다
说清楚 분명하게 말하다
shuō qīngchu
听清楚 분명하게 듣다
tīng qīngchu

**
교체연습

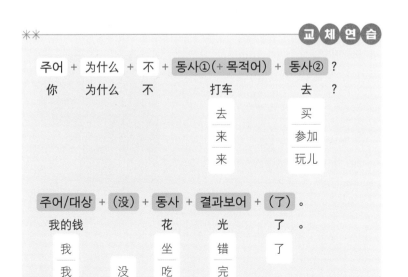

주어	+	为什么	+	不	+	동사①(+ 목적어)	동사②	?
你		为什么		不		打车	去	?
						去	买	
						来	参加	
						来	玩儿	

주어/대상	+	(没)	+	동사	+	결과보어	+	(了)	。
我的钱				花		光		了	。
我				坐		错		了	
我		没		吃		完			
我		没		听		懂			

—— 막 퇴근한 두 남자가 약속 장소에 어떻게 갈지 대화하며　　TRACK 213 | 214

A 你约她了吗?
Nǐ yuē tā le ma?

B 早就约了。
Zǎojiù yuē le.

A 你们几点见?
Nǐmen jǐ diǎn jiàn?

B 我们今天晚上六点见。
Wǒmen jīntiān wǎnshang liù diǎn jiàn.

A 你怎么去?
Nǐ zěnme qù?

B 我打车去。
Wǒ dǎchē qù.

A 你为什么不开车去?
Nǐ wèishénme bù kāichē qù?

B 我的车撞坏了。
Wǒ de chē zhuàng huài le.

A 너는 그녀와 약속했어?
B 진작에 약속했지.
A 너희는 몇 시에 만나?
B 우리는 오늘 저녁 6시에 만나.
A 너는 어떻게 가?
B 나는 택시를 타고 가.
A 너는 왜 운전해서 안 가고?
B 내 차 부딪쳐서 고장 났어.

※ **중국 문화 엿보기** ※

중국의 10대 명주

중국의 10대 명주로는 '茅台酒(Máotáijiǔ), 五粮液(Wǔliángyè), 洋河大曲(Yánghédàqǔ), 泸州老窖(Lúzhōulǎojiào), 汾酒(Fēnjiǔ), 郎酒(Lángjiǔ), 古井贡酒(Gǔjǐnggòngjiǔ), 西凤酒(Xīfèngjiǔ), 贵州董酒(Guìzhōudǒngjiǔ), 剑南春(Jiànnánchūn)'이 있습니다. 그중에서 茅台酒는 세계 3대  명주 중 하나로 800년이 넘는 역사를 가지고 있으며, 기원전 135년 한무제의 극찬을 받은 술이기도 합니다.

중국은 지역별로 선호하는 술이 다른데, 보편적으로 북방은 독한 백주(白酒)를 호방하게 마시고, 남방은 약한 황주(黄酒)를 음미하여 즐깁니다. 요즘에는 10대 명주와 더불어 맥주, 와인, 한국의 소주와 막걸리도 중국인의 사랑을 많이 받고 있습니다.

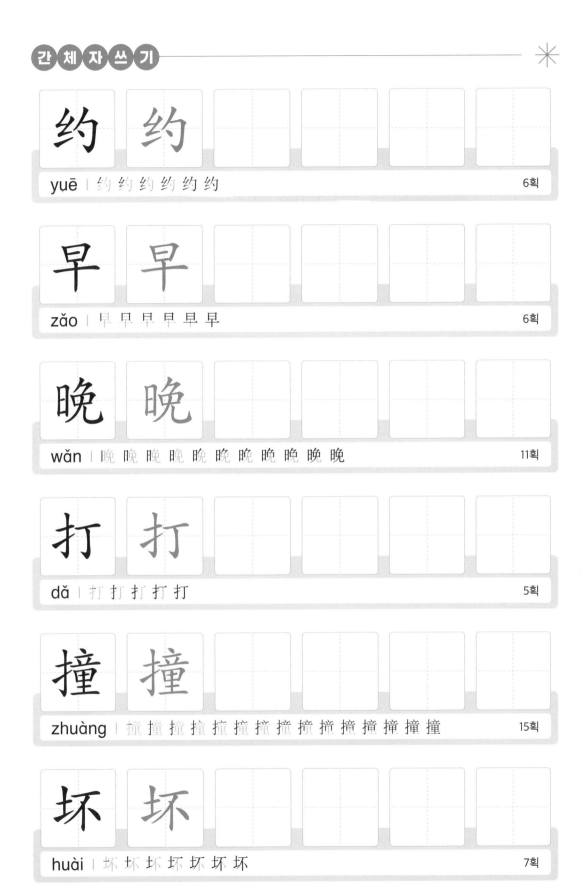

约　约　　　　　
yuē | 约 约 约 约 约 约　　　　6획

早　早　　　　　
zǎo | 早 早 早 早 早 早　　　　6획

晚　晚　　　　　
wǎn | 晚 晚 晚 晚 晚 晚 晚 晚 晚 晚 晚　11획

打　打　　　　　
dǎ | 打 打 打 打 打　　　　5획

撞　撞　　　　　
zhuàng | 撞 撞 撞 撞 撞 撞 撞 撞 撞 撞 撞 撞 撞 撞　15획

坏　坏　　　　　
huài | 坏 坏 坏 坏 坏 坏 坏　　　　7획

你为什么不下班?

Nǐ wèishénme bú xiàbān?

我＿＿＿＿＿＿＿(工作)，你呢?

Wǒ ＿＿＿＿＿＿＿ (gōngzuò), nǐ ne?

我也是，＿＿＿＿＿＿(晚饭)?

Wǒ yě shì, ＿＿＿＿＿＿＿ (wǎnfàn)?

我没吃晚饭，但是我带三明治了。

Wǒ méi chī wǎnfàn, dànshì wǒ dài sānmíngzhì le.

WORDS

三明治 sānmíngzhì 몡 샌드위치

✳ 확장 문형 배우기

● 심화 보충 단어 ——————————— TRACK 216

飞机 fēijī 비행기	船 chuán 배	火车 huǒchē 기차
地铁 dìtiě 지하철	出租车 chūzūchē 택시	摩托车 mótuōchē 오토바이
自行车 zìxíngchē 자전거	公交车 gōngjiāochē 버스	三轮车 sānlúnchē 삼륜차
机场巴士 jīchǎng bāshì 공항 버스	电动车 diàndòngchē 전동차	卡车 kǎchē 트럭

● 확장 문형 ——————————— TRACK 217

✳ 교통 상황을 묻는 표현

A 今天末班车几点出发?　오늘 막차는 몇 시에 출발합니까?
Jīntiān mòbānchē jǐ diǎn chūfā?

B 11点。　11시입니다.
Shíyī diǎn.

A 你怎么还没到呢?　당신은 왜 아직도 도착하지 않습니까?
Nǐ zěnme hái méi dào ne?

B 现在高峰时间, 堵车很厉害。　지금 러시아워라서, 차가 많이 막힙니다.
Xiànzài gāofēngshíjiān, dǔchē hěn lìhai.

 녹음을 듣고 내용과 관련있는 단어를 보기에서 고르세요.　　　　**TRACK 218**

(1) Ⓐ 到公司　　　　Ⓑ 电影票　　　　Ⓒ 做作业

(2) Ⓐ 懂　　　　　Ⓑ 完　　　　　　Ⓒ 错

 녹음을 듣고 내용과 관련있는 문장을 보기에서 고르세요.　　　　**TRACK 219**

(1) Ⓐ 她没毕业。　　Ⓑ 她毕业了。　　Ⓒ 她没结婚。

(2) Ⓐ 她正在运动。　Ⓑ 她要去工作。　Ⓒ 她做完工作了。

읽기 1　발음에 주의하여 읽어 보세요.　　　　**TRACK 220**

(1)

结婚	毕业	放假
jiéhūn	bìyè	fàngjià

(2)

打车	买电影票	到家
dǎchē	mǎi diànyǐngpiào	dàojiā

(3)

化妆	开车	约朋友
huàzhuāng	kāichē	yuē péngyou

읽기 2

다음 문장을 읽어 보세요.

TRACK 221

约她。
Yuē tā.

约她了。
Yuē tā le.

我约她了。
Wǒ yuē tā le.

我早就约她了。
Wǒ zǎojiù yuē tā le.

撞。
Zhuàng.

撞坏了。
Zhuàng huài le.

车撞坏了。
Chē zhuàng huài le.

我的车撞坏了。
Wǒ de chē zhuàng huài le.

 쓰기 1

주어진 문장을 중국어로 번역하세요.

(1) 진작에 약속했지.

→ _____

(2) 너는 왜 운전해서 안 가고?

→ _____

쓰기 2

알맞은 어순으로 문장을 완성하세요.

(1) 买 / 了 / 你 / 生日礼物 / 吗

→ _____

(2) 做 / 没 / 作业 / 完 / 我

→ _____

UNIT 17 약속에 갈 때는? **219**

영상강의

원어민MP3

• 너는 연애해 본 적이 있어?
• 너는 여자 친구를 찾고(사귀고) 싶어?

※ 핵심 어법

• 동태조사 过
• 조동사 想

A 你谈过恋爱吗? 너는 연애해 본 적이 있어?
Nǐ tán guo liàn'ài ma?

B 我没谈过恋爱。 나는 연애해 본 적이 없어.
Wǒ méi tán guo liàn'ài.

동사 뒤, 목적어 앞에 동태조사 '过'를 붙여 과거에 '~해 본 적이 있다'는 경험을 나타내요. 단순한 과거형이 아닌 경험을 말하는 것이고, 부정은 동사 앞에 '没'를 붙여서 나타내요.

A 你去过济州岛吗? 너는 제주도에 가 본 적이 있어?
Nǐ qù guo Jìzhōu Dǎo ma?

B 我没去过济州岛。 나는 제주도에 가 본 적이 없어.
Wǒ méi qù guo Jìzhōu Dǎo.

WORDS

过 guo 조 ~해 본 적 있다 (경험)

济州岛 Jìzhōu Dǎo 고유 제주도

烫 tàng 동 파마하다

羊肉串 yángròuchuàn
명 양꼬치

长城 Chángchéng 고유 만리장성(万里长城)의 줄임말

头发 tóufa 명 머리카락

过山车 guòshānchē
명 롤러코스터

四川 Sìchuān 고유 사천

日本清酒 Rìběn qīngjiǔ
명 일본 청주

교 체 연 습

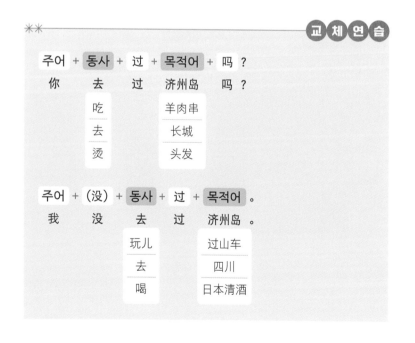

★★★

이합사(离合词)란?
이합사는 2음절 단어 중 吃饭 (chīfàn, 식사하다)처럼 하나의 단어같이 보이지만 사실은 '동사(吃, 먹다)+목적어(饭, 밥)'의 구조로 되어 있어 그 사이에 양사, 동태조사 등 다른 성분을 삽입할 수 있는 단어를 말합니다.
또한 동태조사는 언제나 동사 바로 뒤에! 아시죠?
[주어 + 동사 + 过 + 목적어]

• 我开过车。
 Wǒ kāi guo chē.
 나는 운전해 본 적이 있다.

• 他出过国。
 Tā chū guo guó.
 그는 출국해 본 적이 있다.

> **A** 你想找女朋友吗? 너는 여자 친구를 찾고(사귀고) 싶어?
> Nǐ xiǎng zhǎo nǚpéngyou ma?
>
> **B** 当然，我想找漂亮的女朋友。
> Dāngrán, wǒ xiǎng zhǎo piàoliang de nǚpéngyou.
> 당연하지, 나는 예쁜(아름다운) 여자 친구를 찾고(사귀고) 싶어.

조동사 '想'은 동사 앞에 붙여 '~하고 싶다'는 주어의 바람을 표현할 때 사용해요. 앞에서 배웠던 조동사 '要'의 부정형 기억나세요?(Unit11, 148p. 참조) '~하고 싶지 않다'는 의미의 '不想'이었지요? 조동사 '想'의 부정도 똑같아요. 그리고 2음절 이상의 형용사나 정도부사가 붙은 형용사가 명사를 수식할 땐 명사 앞에 '的'가 와요.

A 你想买小狗吗? 너는 강아지를 사고(키우고) 싶어?
Nǐ xiǎng mǎi xiǎogǒu ma?

B 当然，我想买可爱的小狗。
Dāngrán, wǒ xiǎng mǎi kě'ài de xiǎogǒu.
당연하지, 나는 귀여운 강아지를 사고(키우고) 싶어.

WORDS

可爱 kě'ài 혱 귀엽다
换 huàn 동 바꾸다
休息 xiūxi 동 쉬다, 휴식하다
电视剧 diànshìjù 명 드라마
便宜 piányi 혱 싸다
美丽 měilì 혱 아름답다
风景 fēngjǐng 명 풍경

교체연습

주어	+	想	+	동사	+	목적어	+	吗	?
你		想		买		小狗		吗	?
				换		电脑			
				看		电视剧			
				休息					

주어	+	想	+	동사	+	형용사	+	的	+	목적어	.
我		想		买		可爱		的		小狗	.
				看		有意思				电影	
				换		便宜				手机	
				看		美丽				风景	

***

'想'의 용법

1. '想'은 동사로는 '그립다, 보고 싶다'는 의미로 사용해요.

• 我想家。
Wǒ xiǎng jiā.
나는 집이 그립다.

• 我想男朋友。
Wǒ xiǎng nánpéngyou.
나는 남자 친구가 보고 싶다.

2. '고려하다, 생각하다'는 의미도 있어요.

• 我正在想一个问题。
Wǒ zhèngzài xiǎng yí ge wèntí.
나는 지금 문제에 대해 생각 중이다.

• 我回家想吧。
Wǒ huíjiā xiǎng ba.
내가 집에 가서 생각해 볼게.

회화를 내 것으로!

—— 두 남자가 술집에서 술 한잔 마시면서 연애 얘기를 하며

A 你谈过恋爱吗？
Nǐ tán guo liàn'ài ma?

B 我没谈过恋爱。
Wǒ méi tán guo liàn'ài.

A 你想找女朋友吗？
Nǐ xiǎng zhǎo nǚpéngyou ma?

B 当然，我想找漂亮的女朋友。
Dāngrán, wǒ xiǎng zhǎo piàoliang de nǚpéngyou.

A 我有一个妹妹，她很漂亮。
Wǒ yǒu yí ge mèimei, tā hěn piàoliang.

B 那我们一起吃顿饭吧，怎么样？
Nà wǒmen yìqǐ chī dùn fàn ba, zěnmeyàng?

A 你别做梦了，你有钱吗？
Nǐ bié zuò mèng le, nǐ yǒu qián ma?

B 当然有，明天我请客。
Dāngrán yǒu, míngtiān wǒ qǐngkè.

WORDS

顿 dùn 양 끼니
别做梦了 bié zuò mèng le 꿈 깨라
请客 qǐngkè 동 한 턱 내다

A 너는 연애해 본 적이 있어?
B 나는 연애해 본 적이 없어.
A 너는 여자 친구를 찾고(사귀고) 싶어?
B 당연하지, 난 예쁜(아름다운) 여자 친구를
　찾고(사귀고) 싶어.
A 나는 여동생이 한 명 있어, 걔는 되게 예뻐.
B 그럼 우리 같이 밥 먹는 거 어때?
A 꿈 깨! 너 돈 있어?
B 당연히 있지, 내일 내가 쏠게.

※ 중국 문화 엿보기 ※

니하오, 네이호우, 농허우?

역사, 지형 등 여러 요소 때문에 중국어는 표준어인 '普通话(pǔtōnghuà)' 외에도 많은 방언이 있어요. 그중 가장 많이 사용되는 방언은 홍콩의 '粤语(Yuèyǔ)'와 상해 등지에서 사용되는 '吴语(Wúyǔ)'예요. 중국 사람들의 인사말인 '你好!'는 한자는 똑같아도, 표준어 발음은 '니하오!'인데, 홍콩에 가면 '네이호우!'라고 말하고, 상해에 가면 '농허우!'라고 한답니다.

谈	谈				

tán | 谈谈谈谈谈谈谈谈谈谈　　10획

恋	恋				

liàn | 恋恋恋恋恋恋恋恋恋恋　　10획

找	找				

zhǎo | 找找找找找找找　　7획

漂	漂				

piào | 漂漂漂漂漂漂漂漂漂漂漂漂漂漂　　14획

亮	亮				

liàng | 亮亮亮亮亮亮亮亮亮　　9획

梦	梦				

mèng | 梦梦梦梦梦梦梦梦梦梦梦　　11획

你吃过羊肉串吗?

Nǐ chī guo yángròuchuàn ma?

我＿＿＿＿＿＿＿＿＿（没），好吃吗?

Wǒ ＿＿＿＿＿＿＿＿ (méi), hǎochī ma?

非常好吃，你想吃羊肉串吗?

Fēicháng hǎochī, nǐ xiǎng chī yángròuchuàn ma?

我＿＿＿＿＿＿＿＿（好吃的），现在去吧!

Wǒ ＿＿＿＿＿＿＿＿ (hǎochī de), xiànzài qù ba!

확장 문형 배우기

● 심화 보충 단어 ——————————————————— TRACK 227

帅	可爱	漂亮
shuài	kě'ài	piàoliang
멋지다	귀엽다	예쁘다

胖	瘦	苗条
pàng	shòu	miáotiao
뚱뚱하다	마르다	날씬하다

善良	开朗	幽默
shànliáng	kāilǎng	yōumò
착하다	명랑하다	유머러스하다

懒惰	内向	固执
lǎnduò	nèixiàng	gùzhí
게으르다	내성적이다	고집스럽다

● 확장 문형 ——————————————————— TRACK 228

✳ 이상형을 묻는 표현

A **你喜欢什么样的人?** 당신은 어떤 사람을 좋아하나요?
Nǐ xǐhuan shénmeyàng de rén?

B **我喜欢幽默的人。** 저는 유머러스한 사람을 좋아합니다.
Wǒ xǐhuan yōumò de rén.

. . . .

A **昨天的相亲怎么样?** 어제 소개팅은 어땠습니까?
Zuótiān de xiāngqīn zěnmeyàng?

B **我觉得我对她一见钟情。** 제 생각에 제가 그녀에게 첫눈에 반한 것 같습니다.
Wǒ juéde wǒ duì tā yíjiàn zhōngqíng.

 **연습**은 실전같이!

듣기
1

녹음을 듣고 내용과 관련있는 단어를 보기에서 고르세요.　　　　　TRACK 229

(1)　Ⓐ 休息　　　　　Ⓑ 换手机　　　　　ⓒ 留学

(2)　Ⓐ 找女朋友　　　　Ⓑ 去故宫　　　　ⓒ 骑自行车

듣기
2

녹음을 듣고 내용과 관련있는 문장을 보기에서 고르세요.　　　　　TRACK 230

(1)　Ⓐ 她没喝过日本清酒。

　　　Ⓑ 她没去过日本。

　　　ⓒ 她喝过日本清酒。

(2)　Ⓐ 她想买电脑。

　　　Ⓑ 她有一台便宜的电脑。

　　　ⓒ 她想买便宜的手机。

읽기
1

발음에 주의하여 읽어 보세요.　　　　　TRACK 231

(1)

风景	留学	休息
fēngjǐng	liúxué	xiūxi

(2)

有意思	便宜	可爱
yǒu yìsi	piányi	kě'ài

(3)

换手机	去故宫	去济州岛
huàn shǒujī	qù Gùgōng	qù Jìzhōu Dǎo

다음 문장을 읽어 보세요.

去故宫。
Qù Gùgōng.

手机。
Shǒujī.

去过故宫。
Qù guo Gùgōng.

换手机。
Huàn shǒujī.

我去过故宫。
Wǒ qù guo Gùgōng.

换漂亮的手机。
Huàn piàoliang de shǒujī.

我没去过故宫。
Wǒ méi qù guo Gùgōng.

想换漂亮的手机。
Xiǎng huàn piàoliang de shǒujī.

妈妈想换漂亮的手机。
Māma xiǎng huàn piàoliang de shǒujī.

쓰기 1

다음 문장을 중국어로 번역하세요.

(1) 너는 여자 친구를 찾고 싶어?

→ _____

(2) 너는 연애해 본 적이 있어?

→ _____

쓰기 2

알맞은 어순으로 문장을 완성하세요.

(1) 中国电影 / 没 / 看 / 过 / 我

→ _____

(2) 想 / 我 / 漂亮的 / 换 / 手机

→ _____

이성을 만날 때는?

你看，她长得太漂亮了!
Nǐ kàn, tā zhǎng de tài piàoliang le!

你想要她的手机号码吗?
Nǐ xiǎng yào tā de shǒujī hàomǎ ma?

❉ 핵심 주제

• 그녀는 정말 예쁘게 생겼다!

• 너 멋지게 차려입었다. 데이트가 있어?

❉ 핵심 어법

• 정도보어(程度补语)

• 동량보어(动量补语)

회화의 토대는 **어법**

TRACK 233   팟캐스트 듣기

A 你看，她长得太漂亮了！ 너 봐봐, 그녀는 정말 예쁘게 생겼어!
Nǐ kàn, tā zhǎng de tài piàoliang le!

B 你想要她的手机号码吗？ 너는 그녀의 핸드폰 번호를 알고 싶어?
Nǐ xiǎng yào tā de shǒujī hàomǎ ma?

'그녀는 노래를 정말 잘해./나는 중국어를 그렇게 잘하진 못해.' 등 행위를 하는데 어떻게(얼마나) 하는지 등의 정도를 표현할 때 '정도보어(程度补语)'를 사용해요. 보충해 줄 술어 뒤에는 구조조사 '得'가 함께 와요. 부정은 정도를 나타내는 형용사구를 부정해요.

A 你看，那个卖得太便宜了。 너 봐봐, 저거 진짜 싸게 판다.
Nǐ kàn, nà ge mài de tài piányi le.

B 你想要那个吗？ 너는 저거 갖고 싶어?
Nǐ xiǎng yào nà ge ma?

WORDS

长 zhǎng 图 생기다, 자라다
得 de 조 동사나 형용사 뒤에 쓰여 결과나 정도를 나타내는 보어와 연결시킴
太…了 tài…le 매우, 아주
要 yào 图 필요하다, 원하다
号码 hàomǎ 명 번호
考 kǎo 图 (시험을) 치다
晚 wǎn 형 늦다
快 kuài 형 빠르다
新 xīn 형 새 것의, 사용하지 않은
名牌 míngpái 명 유명 브랜드
手表 shǒubiǎo 명 손목시계

米米 ㉑ ㉒ ㉓

주어/대상	+	동사	+	得	+	부사	+	형용사	+	了	。
那个		卖		得		太		便宜		了	。
他		考						好			
他		来						晚			
他		说						快			

주어	+	想	+	要	+	목적어	+	吗	？
你		想		要		那个		吗	？
						新车			
						名牌车			
						手表			

米米米

정도보어 의문문
정도보어의 의문문을 세 가지 형태로 배워 볼까요?
주어+동사+得+① 형용사 +吗?
② 정반의문문?
③ 怎么样?

• 他唱得好吗？
  Tā chàng de hǎo ma?
  그는 노래를 잘 불러?

• 你考得好不好？
  Nǐ kǎo de hǎo bu hǎo?
  너는 시험 잘 봤어?

• 她长得怎么样？
  Tā zhǎng de zěnmeyàng?
  그녀는 생긴 게 어때?

A 你穿得真帅，有约会吗?

Nǐ chuān de zhēn shuài, yǒu yuēhuì ma?

너 멋지게 차려입었다. 데이트가 있어?

B 我约她了，我们已经见了两次。

Wǒ yuē tā le, wǒmen yǐjīng jiàn le liǎng cì.

나는 그녀와 약속이 있어, 우린 이미 두 번 만났어.

우리말의 '난 그곳에 한 번 갔었어./그는 미국에 두 번 가 본 적이 있어.'와 같이 동작의 횟수를 나타낼 때 사용하는 양사를 '동량사(动量词)'라고 하며, 문장에서는 동사 뒤, 목적어 앞에 보충성분으로 오기 때문에 이를 '동량보어(动量补语)'라고 해요.

A 你走得真快，有急事吗?

Nǐ zǒu de zhēn kuài, yǒu jíshì ma?

너는 진짜 빨리 걷는다, 급한 일이 있어?

B 我约朋友了，他已经来了三次电话。

Wǒ yuē péngyou le, tā yǐjīng lái le sān cì diànhuà.

나는 친구랑 약속했는데, 이미 걔가 세 번이나 전화했어.

WORDS

穿 chuān 통 입다

真 zhēn 튄 정말, 진짜

约会 yuēhuì 명 약속, 데이트

已经 yǐjīng 튄 이미, 벌써

次 cì 양 번

急事 jíshì 명 급한 일

来电话 lái diànhuà 통 전화가 오다

挣 zhèng 통 일하여 (돈을) 벌다

特别 tèbié 튄 특히, 각별히

好吃 hǎochī 형 맛있다, 맛나다

好听 hǎotīng 형 (소리가) 듣기 좋다, 감미롭다

去年 qùnián 명 작년

上周 shàngzhōu 명 지난주

游乐场 yóulèchǎng 명 놀이공원, 유원지

船 chuán 명 배

洗衣服 xǐ yīfu 세탁하다

교체연습

주어	동사	得	부사	형용사	。
你	走	得	真	快	。
	做		特别	好吃	
	唱		不	好听	
	挣		不太	多	

주어	시간	동사	了	수사 + 동량보어	목적어	。
他		来	了	三次	电话	。
	去年	去		一次	游乐场	
		坐		三次	船	
	上周	洗		一次	衣服	

***

'숫자+양사'가 앞에 붙은 한 정된 목적어가 올 때만 동사 바로 뒤에 동태조사 '了'를 사용할 수 있어요. 이때 의미는 행위의 '완성/완료'를 나타내요.

• 他换了一个手机。
Tā huàn le yí ge shǒujī.
그는 핸드폰 한 대를 바꿨다.

• 我喝了两杯咖啡。
Wǒ hē le liǎng bēi kāfēi.
나는 커피 두 잔을 마셨다.

• 我买了三本书。
Wǒ mǎi le sān běn shū.
나는 책 세 권을 샀다.

회화를 내 것으로!

맞은편에서 걸어오는 여자를 보면서 한 남자가 친구에게 얘기하며

A 你看，她长得太漂亮了！
　 Nǐ kàn, tā zhǎng de tài piàoliang le!

B 你想要她的手机号码吗？
　 Nǐ xiǎng yào tā de shǒujī hàomǎ ma?

A 你有她的手机号码吗？
　 Nǐ yǒu tā de shǒujī hàomǎ ma?

B 当然有，她是我朋友。
　 Dāngrán yǒu, tā shì wǒ péngyou.

（几天后）jǐ tiān hòu

B 你穿得真帅，有约会吗？
　 Nǐ chuān de zhēn shuài, yǒu yuēhuì ma?

A 我约她了，我们已经见了两次。
　 Wǒ yuē tā le, wǒmen yǐjīng jiàn le liǎng cì.

B 你们在哪儿见？
　 Nǐmen zài nǎr jiàn?

A 嘿嘿，不告诉你。
　 Hēihēi, bú gàosu nǐ.

A 너 봐봐, 그녀는 정말 예쁘게 생겼어!
B 너는 그녀의 핸드폰 번호를 알고 싶어?
A 너는 쟤 핸드폰 번호가 있어?
B 당연하지, 그녀는 내 친구야.
(며칠 뒤)
B 너 멋지게 차려입었다. 데이트가 있어?
A 나는 그녀와 약속이 있어, 우린 이미 두 번 만났어.
B 너희는 어디에서 만나?
A 히히, 안 가르쳐 줘.

✳ 중국 문화 엿보기 ✳

결혼 풍속

중국은 결혼식 당일 아침에 신랑이 신부를 데리러 신부집으로 가서 함께 결혼식장으로 이동하는 풍습이 있습니다. 현대에는 신랑 신부가 결혼식 하루 전날 결혼식이 진행될  호텔에서 미리 투숙하는 경우도 있지만, 이때에도 본격적인 식이 거행되기 전에 신랑은 신부방에서 신부를 데려와야 합니다.

신부는 행운을 가져다주는 색인 붉은색으로 장식된 방에 있는데, 이때 방의 침대는 붉은색 침구로 되어있고, 침대 위는 말린 과일이나 대추 등으로 장식합니다. 신부 친구들은 신부와 함께 방에서 신랑을 기다리고, 신랑이 도착하면 바로 문을 열어 주는 것이 아니라 퀴즈 등을 통해 시끌벅적한 분위기를 냅니다. 하객들의 장난 섞인 방해를 뚫고 신부방에 도착한 신랑은 신부에게 붉은 신을 신겨주고 함께 식장으로 이동하며 본격적으로 식이 시작됩니다.

得 得 　 　 　 　
de | 得 得 得 得 得 得 得 得 得 得 | 11획

码 码 　 　 　 　
mǎ | 码 码 码 码 码 码 码 码 | 8획

穿 穿 　 　 　 　
chuān | 穿 穿 穿 穿 穿 穿 穿 穿 穿 | 9획

真 真 　 　 　 　
zhēn | 真 真 真 真 真 真 真 真 真 真 | 10획

帅 帅 　 　 　 　
shuài | 帅 帅 帅 帅 帅 | 5획

次 次 　 　 　 　
cì | 次 次 次 次 次 次 | 6획

TRACK 237

你考过HSK吗?
Nǐ kǎo guo HSK ma?

我＿＿＿＿＿＿＿(次)，考试很难。
Wǒ ＿＿＿＿＿＿＿ (cì), kǎoshì hěn nán.

你＿＿＿＿＿＿(怎么样)?
Nǐ ＿＿＿＿＿＿ (zěnmeyàng)?

我考得非常好。
Wǒ kǎo de fēicháng hǎo.

WORDS

考试 kǎoshì 명 시험

236

✱ 확장 문형 배우기

● 심화 보충 단어
TRACK 238

牛仔裤
niúzǎikù
청바지

连衣裙
liányīqún
원피스

毛衣
máoyī
스웨터

耳环
ěrhuán
귀걸이

项链
xiàngliàn
목걸이

手链
shǒuliàn
팔찌

腰带
yāodài
벨트

领带
lǐngdài
넥타이

衬衫
chènshān
셔츠

西装
xīzhuāng
양복

手表
shǒubiǎo
손목시계

帽子
màozi
모자

● 확장 문형
TRACK 239

A 今年流行什么颜色？　올해는 어떤 색상이 유행합니까?
Jīnnián liúxíng shénme yánsè?

B 蓝色。　파란색입니다.
Lánsè.

A 我想去剪头发。　저는 머리를 자르고 싶습니다.
Wǒ xiǎng qù jiǎn tóufa.

B 别剪了，烫头发吧。　자르지 말고 파마하세요.
Bié jiǎn le, tàng tóufa ba.

 듣기 1 녹음을 듣고 내용과 관련있는 단어를 보기에서 고르세요.　TRACK 240

(1)　Ⓐ 挣　　　　　Ⓑ 跑　　　　　Ⓒ 考

(2)　Ⓐ 去中国　　　Ⓑ 出国　　　　Ⓒ 打车

 듣기 2 녹음을 듣고 내용과 관련있는 문장을 보기에서 고르세요.　TRACK 241

(1)　Ⓐ 她想卖那个手表。

　　　Ⓑ 她不喜欢那个手表。

　　　Ⓒ 她觉得那个手表很贵。

(2)　Ⓐ 她没去过美国。

　　　Ⓑ 她去了一次中国。

　　　Ⓒ 她去了两次美国。

 읽기 1 발음에 주의하여 읽어 보세요.　TRACK 242

(1)	新车 xīn chē	手表 shǒubiǎo	名牌 míngpái
(2)	好吃 hǎochī	好听 hǎotīng	便宜 piányi
(3)	见了一次 jiàn le yí cì	看了两次 kàn le liǎng cì	做了两次 zuò le liǎng cì

읽기 2 다음 문장을 읽어 보세요.

漂亮。
Piàoliang.

太漂亮了。
Tài piàoliang le.

长得太漂亮了。
Zhǎng de tài piàoliang le.

她长得太漂亮了。
Tā zhǎng de tài piàoliang le.

出国。
Chūguó.

出了一次国。
Chū le yí cì guó.

我出了一次国。
Wǒ chū le yí cì guó.

去年我出了一次国。
Qùnián wǒ chū le yí cì guó.

쓰기 1 주어진 문장을 중국어로 번역하세요.

(1) 너는 멋지게 차려입었다. 데이트 있어?

→ _____

(2) 너는 그녀의 핸드폰 번호를 알고 싶어?

→ _____

쓰기 2 알맞은 어순으로 문장을 완성하세요.

(1) 不 / 得 / 挣 / 多 / 她爱人

→ _____

(2) 他 / 来了 / 电话 / 已经 / 三次

→ _____

※ 핵심 주제

• 여보세요, 우리 같이 놀자!
• 내가 너한테 감기약을 가지고 갈게.

※ 핵심 어법

• 방향보어(方向补语)
• 정도부사 太…了

A 喂，我们一起玩儿吧！ 여보세요, 우리 같이 놀자!
Wéi, wǒmen yìqǐ wánr ba!

B 我感冒了，不想出去。 나는 감기에 걸렸어, 나가고 싶지 않아.
Wǒ gǎnmào le, bù xiǎng chūqù.

우리말의 '그가 돌아왔다./네가 올라가.'와 같이 말하는 사람으로부터 행위자(주어)가 가까워지거나 멀어지는 방향에 대해 보충하는 성분을 '방향보어(方向补语)'라고 해요. 동사 뒤에 '来(가까워짐)/去(멀어짐)'를 붙여 행위의 방향을 말해요.

A 喂，我们一起爬山吧！ 여보세요, 우리 같이 등산 가자!
Wéi, wǒmen yìqǐ páshān ba!

B 我头疼，不想出去。 나는 머리가 아파, 나가고 싶지 않아.
Wǒ tóu téng, bù xiǎng chūqù.

WORDS

一起 yìqǐ 튀 같이, 함께
感冒 gǎnmào 동 감기에 걸리다
出去 chūqù 동 (안에서 밖으로) 나가다
爬山 páshān 동 등산하다
头 tóu 명 머리
疼 téng 형 아프다
度假村 dùjiàcūn 명 리조트
座 zuò 양 채, 동 (산이나 건축물 등 고정된 물체를 세는 단위)
山 shān 명 산
电梯 diàntī 명 엘리베이터
拉肚子 lā dùzi 설사하다
出来 chūlái 동 (안에서 밖으로) 나오다
上去 shàngqù 동 (낮은 데서 높은 데로) 올라가다
下去 xiàqù 동 (높은 데서 낮은 데로) 내려가다

교 체 연 습

주어 +	一起 +	동사 +	목적어 +	吧！
我们	一起	爬	山	吧！
		跳	舞	
		去	度假村	
		学	外语	

주어1 +	상태/상황	,	(주어2) +	不想 +	동사 +	来/去 。
我	头疼	,		不想	出	去 。
朋友	拉肚子了				出	来
这座山	太高了		(我)		上	去
电梯	坏了		(我)		下	去

***

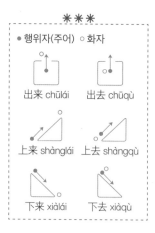

● 행위자(주어) ○ 화자

出来 chūlái   出去 chūqù

上来 shànglái   上去 shàngqù

下来 xiàlái   下去 xiàqù

> **A** 那我给你带感冒药去吧。 그럼 내가 너한테 감기약을 가지고 갈게.
> Nà wǒ gěi nǐ dài gǎnmàoyào qù ba.
>
> **B** 太好了，你过来陪我吧。 너무 좋아! 너 와서 나랑 같이 있어 줘.
> Tài hǎo le, nǐ guòlái péi wǒ ba.

앞에서 언급한 '上/下/出/进' 등 장소 이동을 나타내는 동사 외에도, 우리말의 '영화표를 사 왔다./책을 가져가다.' 같은 표현도 동일하게 방향보어를 사용해요. 이때, 목적어는 방향보어 앞뒤에 붙여 줄 수 있어요. 또, 정도부사 '太'는 맨 뒤에 '了'를 함께 써서 감탄의 의미를 나타내요.

A 那我给你带红酒去吧。 그럼 내가 너한테 와인을 가지고 갈게.
Nà wǒ gěi nǐ dài hóngjiǔ qù ba.

B 太好了，你过来找我吧。 너무 좋아! 너 와서 나를 찾아 줘.
Tài hǎo le, nǐ guòlái zhǎo wǒ ba.

WORDS

过来 guòlái 동 다가오다
陪 péi 동 모시다, 곁에서 도와주다
红酒 hóngjiǔ 명 포도주
奶奶 nǎinai 명 할머니
月饼 yuèbing 명 월병 (중국 전통 간식)
帮 bāng 동 돕다
婚礼 hūnlǐ 명 결혼식

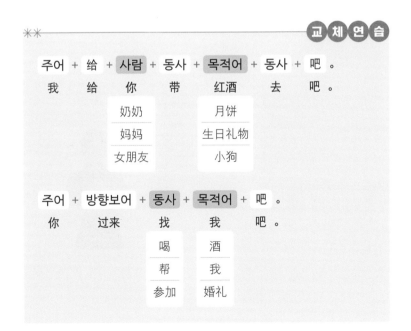

교체연습

주어	+	给	+	사람	+	동사	+	목적어	+	동사	+	吧	。
我		给		你		带		红酒		去		吧	。
				奶奶				月饼					
				妈妈				生日礼物					
				女朋友				小狗					

주어	+	방향보어	+	동사	+	목적어	+	吧	。
你		过来		找		我		吧	。
				喝		酒			
				帮		我			
				参加		婚礼			

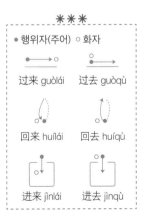

***

● 행위자(주어) ○ 화자

过来 guòlái 过去 guòqù
回来 huílái 回去 huíqù
进来 jìnlái 进去 jìnqù

회화를 내 것으로!

—— 한 학생이 같이 놀자고 친구에게 전화를 걸며

A 喂，我们一起玩儿吧！
Wéi, wǒmen yìqǐ wánr ba!

B 我感冒了，不想出去。
Wǒ gǎnmào le, bù xiǎng chūqù.

A 你吃药了吗?
Nǐ chī yào le ma?

B 我还没吃药呢。
Wǒ hái méi chī yào ne.

A 那我给你带感冒药去吧。
Nà wǒ gěi nǐ dài gǎnmàoyào qù ba.

B 太好了，你过来陪我吧。
Tài hǎo le, nǐ guòlái péi wǒ ba.

A 自己在家吗?
Zìjǐ zài jiā ma?

B 是啊，妈妈去上班了，晚上回来。
Shì a, māma qù shàngbān le, wǎnshang huílái.

WORDS

自己 zìjǐ 때 자신, 혼자

A 여보세요, 우리 같이 놀자!
B 나는 감기에 걸렸어, 나가고 싶지 않아.
A 너는 감기약을 먹었어?
B 나는 아직 약을 못 먹었어.
A 그럼 내가 너한테 감기약을 가지고 갈게.
B 너무 좋아! 너 와서 나랑 같이 있어 줘.
A 너는 혼자 집에 있어?
B 응, 엄마는 출근하셨고, 저녁에 돌아오셔.

※ 중국 문화 엿보기 ※

치파오 —— 旗袍(qípáo)

'旗袍(qípáo, 치파오)'는 여성들이 많이 즐겨 입는 중국의 전통 복장입니다. 중국의 많은 여배우가 '旗袍'를 전 세계적으로 알리기 위해 '旗袍'를 입고 국제 무대에 모습을 드러내고 있습니다. '梁朝伟(양조위)'와 '张曼玉(장만옥)'가 주연한 영화 《花样年华(화양연화)》에서 '张曼玉'는 장면마다 다른 디자인, 다른 색의 '旗袍'를 입고 출연하였습니다. '旗袍'의 매력에 흠뻑 빠지고 싶다면 《花样年华》를 찾아 보시기를!

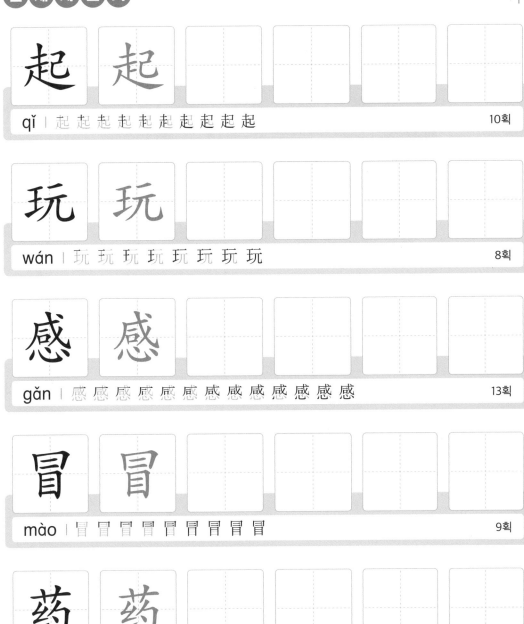

起
qǐ | 起起起起起起起起起起　10획

玩
wán | 玩玩玩玩玩玩玩玩　8획

感
gǎn | 感感感感感感感感感感感感感　13획

冒
mào | 冒冒冒冒冒冒冒冒冒　9획

药
yào | 药药药药药药药药药　9획

陪
péi | 陪陪陪陪陪陪陪陪陪陪　10획

 你出来，我们＿＿＿＿＿＿＿(喝酒)吧。
Nǐ chūlái, wǒmen ＿＿＿＿＿＿＿ (hē jiǔ) ba.

好啊，我也想喝酒。你在哪儿？
Hǎo a, wǒ yě xiǎng hē jiǔ. Nǐ zài nǎr?

 我在酒吧，你过来找我吧。
Wǒ zài jiǔbā, nǐ guòlái zhǎo wǒ ba.

好，我＿＿＿＿＿(过去)，你给我发地址吧。
Hǎo, wǒ ＿＿＿＿＿ (guòqù), nǐ gěi wǒ fā dìzhǐ ba.

WORDS

地址 dìzhǐ 〔명〕 주소

246

확장 문형 배우기

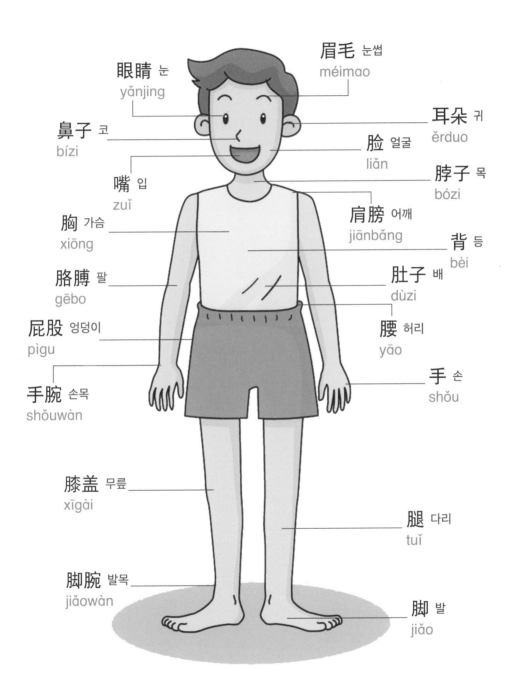

眼睛 눈
yǎnjing

眉毛 눈썹
méimao

鼻子 코
bízi

耳朵 귀
ěrduo

脸 얼굴
liǎn

嘴 입
zuǐ

脖子 목
bózi

胸 가슴
xiōng

肩膀 어깨
jiānbǎng

背 등
bèi

胳膊 팔
gēbo

肚子 배
dùzi

屁股 엉덩이
pìgu

腰 허리
yāo

手 손
shǒu

手腕 손목
shǒuwàn

膝盖 무릎
xīgài

腿 다리
tuǐ

脚腕 발목
jiǎowàn

脚 발
jiǎo

 듣기 1 녹음을 듣고 내용과 관련있는 단어를 보기에서 고르세요.   TRACK 250

(1) Ⓐ 做作业   Ⓑ 拉肚子   Ⓒ 去度假

(2) Ⓐ 啤酒   Ⓑ 小狗   Ⓒ 礼物

듣기 2 녹음을 듣고 내용과 관련있는 문장을 보기에서 고르세요.   TRACK 251

(1) Ⓐ 她正在爬山。

    Ⓑ 她不想出去。

    Ⓒ 她不想休息。

(2) Ⓐ 她没带生日礼物。

    Ⓑ 她买了生日蛋糕。

    Ⓒ 她们正在做生日蛋糕。

 읽기 1 발음에 주의하여 읽어 보세요.   TRACK 252

(1)	红酒 hóngjiǔ	月饼 yuèbǐng	礼物 lǐwù
(2)	学外语 xué wàiyǔ	爬山 páshān	跳舞 tiàowǔ
(3)	拉肚子 lā dùzi	感冒 gǎnmào	参加婚礼 cānjiā hūnlǐ

읽기 2 다음 문장을 읽어 보세요.

TRACK 253

学外语。
Xué wàiyǔ.

一起学外语吧。
Yìqǐ xué wàiyǔ ba.

我们一起学外语吧。
Wǒmen yìqǐ xué wàiyǔ ba.

明天我们一起学外语吧。
Míngtiān wǒmen yìqǐ xué wàiyǔ ba.

红酒。
Hóngjiǔ.

带红酒去。
Dài hóngjiǔ qù.

给你带红酒去。
Gěi nǐ dài hóngjiǔ qù.

我给你带红酒去。
Wǒ gěi nǐ dài hóngjiǔ qù.

我给你带红酒去吧。
Wǒ gěi nǐ dài hóngjiǔ qù ba.

쓰기 1 주어진 문장을 중국어로 번역하세요.

(1) 여보세요, 우리 같이 놀자!

→ _____

(2) 너무 좋아! 너 와서 나랑 같이 있어 줘.

→ _____

쓰기 2 알맞은 어순으로 문장을 완성하세요.

(1) 感冒 / 出去 / 了 / 不想 / 我

→ _____

(2) 带 / 生日礼物 / 吧 / 给你 / 我 / 去

→ _____

영상강의 원어민MP3

※ 핵심 주제

• 너는 시험 본 거 어때?

• 너는 언제나 다른 사람보다 (시험을) 잘 봐.

※ 핵심 어법

• 비교급 (+ 정도보어)

• 嘛의 용법

A 你考得怎么样? 너는 시험 본 거 어때?
Nǐ kǎo de zěnmeyàng?

B 我的成绩比上次高。 내 (현재) 성적은 지난번보다 높아.
Wǒ de chéngjì bǐ shàng cì gāo.

우리말의 '그는 나보다 키가 크다./나는 그보다 뚱뚱하다.'와 같이 'A가 B보다 ~
하다/A는 (현재가) B보다 ~하다'는 비교문은 전치사 '比'를 사용해요. 어순은 'A
比B형용사'로 'A가 B보다 형용사하다'예요. 주의할 점은 형용사 앞에 정도부사
'很/非常/太' 등의 부사는 쓸 수 없어요.

WORDS

成绩 chéngjì 명 성적
比 bǐ 전 ~보다, ~에 비하여
上次 shàng cì 명 지난번
水平 shuǐpíng 명 수준
上个月 shàng ge yuè 지난달
过 guò 통 (시간을) 보내다, 지내다
压力 yālì 명 스트레스
工资 gōngzī 명 급여
低 dī 형 낮다

A 你学得怎么样? 너는 공부하는 거 어때?
Nǐ xué de zěnmeyàng?

B 我的水平比上个月高。 내 (현재) 수준은 지난달보다 높아.
Wǒ de shuǐpíng bǐ shàng ge yuè gāo.

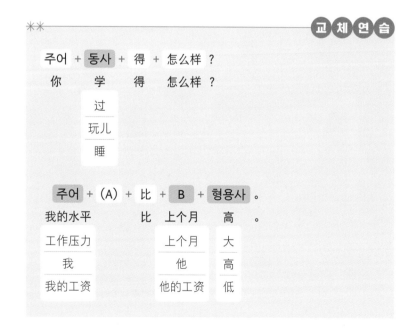

✱✱ 교체연습

주어	+	동사	+	得	+	怎么样 ?
你		学		得		怎么样 ?
		过				
		玩儿				
		睡				

주어	+	(A)	+	比	+	B	+	형용사	。
我的水平				比		上个月		高	。
工作压力						上个月		大	
我						他		高	
我的工资						他的工资		低	

✱✱✱

우리말의 '그는 나만큼 키가
크지 않다'와 같이 '~만 못하
다'는 비교를 나타낼 때 사용
하는 비교급은?

[A + 没有 + B + 형용사]

· 我没有他高。
Wǒ méiyǒu tā gāo.
나는 그보다 크지 못하다.

· 他没有你帅。
Tā méiyǒu nǐ shuài.
그는 너만큼 잘생기지 않았다.

A 你总是比别人考得好。　너는 언제나 다른 사람보다 (시험을) 잘 봐.
Nǐ zǒngshì bǐ biéren kǎo de hǎo.

B 羡慕吧，我是天才嘛!　부럽지, 나는 천재잖아!
Xiànmù ba, wǒ shì tiāncái ma!

우리말의 '어머니는 아버지보다 요리를 맛있게 해요.'와 같은 말을 표현할 때 비교급과 정도보어를 이용해 나타낼 수 있어요. 'A가 ~을 B보다 ~하게(형용사) ~하다(동사)'는 뜻으로 사용해요.

A 你总是比别人挣得多。　너는 항상 다른 사람보다 돈을 많이 벌어.
Nǐ zǒngshì bǐ biéren zhèng de duō.

B 羡慕吧，我是老板嘛!　부럽지, 나는 사장이잖아!
Xiànmù ba, wǒ shì lǎobǎn ma!

WORDS

总是 zǒngshì 🅱 늘, 줄곧
别人 biéren 🅳 남, 타인, 다른 사람
羡慕 xiànmù 🅴 부러워하다
天才 tiāncái 🅼 천재
嘛 ma ㉡ ~잖아 (뚜렷한 사실을
강조할 때)
老板 lǎobǎn 🅼 사장
美女 měinǚ 🅼 미녀
明星 míngxīng 🅼 스타
孩子 háizi 🅼 아이

교 체 연 습

***

우리말의 '학생이잖아, (그러니) 당연히 돈이 없지.'와 같이 상대방의 질문에 답할 때, 더 이상 다른 말을 할 필요 없이 상대방도 당연히 그렇게 여길 거라는 상황이 전제될 때, 문장 맨 뒤에 어기조사 '嘛'를 붙여요.

• A 你穿得真多!
　Nǐ chuān de zhēn duō!
　너는 옷을 진짜 많이 입었다.

B 天气冷嘛!
　Tiānqì lěng ma!
　날씨가 춥잖아!

✳ 회화를 내 것으로!

—— 교실 안에서 두 학생이 성적에 관한 얘기를 나누며

A 你考得怎么样?
Nǐ kǎo de zěnmeyàng?

B 我的成绩比上次高。
Wǒ de chéngjì bǐ shàng cì gāo.

A 你总是比别人考得好。
Nǐ zǒngshì bǐ biéren kǎo de hǎo.

B 羡慕吧，我是天才嘛!
Xiànmù ba, wǒ shì tiāncái ma!

A 晚上天才请我吃饭吧。
Wǎnshang tiāncái qǐng wǒ chīfàn ba.

B 没问题，但是你付钱吧。
Méi wèntí, dànshì nǐ fùqián ba.

A 你总是这样!
Nǐ zǒngshì zhèyàng!

B 哈哈，我是天才嘛!
Hāhā, wǒ shì tiāncái ma!

WORDS

但是 dànshì 쩝 그런데

A 너는 시험 본 거 어때?
B 내 (현재) 성적은 지난번보다 높아.
A 너는 언제나 다른 사람보다 (시험을) 잘 봐.
B 부럽지, 나는 천재잖아!
A 그럼 저녁에 천재가 밥 좀 사 봐.
B 문제 없어, 그런데 돈은 네가 내.
A 너는 항상 이래!
B 하하, 나는 천재잖아!

✳ **중국 문화 엿보기** ✳

월병 —— 月饼(yuèbing)

오랫동안 중국인의 사랑을 꾸준히 받아온 중국 전통 간식입니다. '月饼'은 '온 가족이 한 자리에 모여 월병을 나눠 먹고 화목을 다진다'는 것을 의미하며, '中秋节(Zhōngqiū Jié)'에

반드시 먹어야 하는 음식입니다. '月饼'은 그 종류가 다양하고, 지역별로도 각각 특색이 있습니다. 남쪽은 작고 정교하며, 달달하거나 짭짤한 소를 넣고, 북쪽에서는 크기가 비교적 크고 거의 한 가지 종류의 소만을 넣어 만듭니다.

考 考

kǎo | 考 考 考 考 考 考　　　　6획

绩 绩

jì | 绩 绩 绩 绩 绩 绩 绩 绩 绩 绩 绩　　　　11획

比 比

bǐ | 比 比 比 比　　　　4획

总 总

zǒng | 总 总 总 总 总 总 总 总 总　　　　9획

羡 羡

xiàn | 羡 羡 羡 羡 羡 羡 羡 羡 羡 羡 羡 羡　　　　12획

慕 慕

mù | 慕 慕 慕 慕 慕 慕 慕 慕 慕 慕 慕 慕 慕 慕　　　　14획

TRACK 258

老师，你看，我写得怎么样?

Lǎoshī, nǐ kàn, wǒ xiě de zěnmeyàng?

这次＿＿＿＿＿＿＿(上次)。

Zhè cì ＿＿＿＿＿＿＿ (shàng cì).

我说得怎么样?

Wǒ shuō de zěnmeyàng?

＿＿＿＿＿＿＿(别人)好。

＿＿＿＿＿＿＿ (biéren) hǎo.

확장 문형 배우기

심화 보충 단어 —————————————— TRACK 259

快乐 kuàilè 즐겁다	幸福 xìngfú 행복하다	高兴 gāoxìng 기쁘다
乐观 lèguān 낙관적이다	放心 fàngxīn 안심하다	讨厌 tǎoyàn 미워하다
生气 shēngqì 화내다	可惜 kěxī 아쉽다	骄傲 jiāo'ào 교만하다
伤心 shāngxīn 상심하다	后悔 hòuhuǐ 후회하다	失望 shīwàng 실망하다

확장 문형 —————————————— TRACK 260

✳ 기분이 어떤지 묻는 표현

A 你今天怎么这么高兴? 당신은 오늘 왜 이렇게 기분이 좋습니까?
　Nǐ jīntiān zěnme zhème gāoxìng?

B 我这次考试得了第一名。 제가 이번 시험에서 일등을 했습니다.
　Wǒ zhè cì kǎoshì dé le dì yī míng.

．．．

A 你怎么了? 당신은 무슨 일이 있습니까?
　Nǐ zěnme le?

B 男朋友不接我的电话，真讨厌！
　Nánpéngyou bù jiē wǒ de diànhuà, zhēn tǎoyàn!
　남자 친구가 제 전화를 받지 않습니다. 정말 밉습니다!

연습은 실전같이!

듣기 1 녹음을 듣고 내용과 관련있는 단어를 보기에서 고르세요. TRACK 261

(1) Ⓐ 考得好 Ⓑ 吃得多 Ⓒ 跑得快

(2) Ⓐ 开车 Ⓑ 谈恋爱 Ⓒ 睡觉

듣기 2 녹음을 듣고 내용과 관련있는 문장을 보기에서 고르세요. TRACK 262

(1) Ⓐ 这次考得好。

Ⓑ 她考了五次。

Ⓒ 她上次复习了。

(2) Ⓐ 她每天迟到。

Ⓑ 她总是起得早。

Ⓒ 她总是来得晚。

읽기 1 발음에 주의하여 읽어 보세요. TRACK 263

(1)	上次 shàng cì	上个月 shàng ge yuè	去年 qùnián
(2)	工资 gōngzī	水平 shuǐpíng	压力 yālì
(3)	挣得多 zhèng de duō	说得好 shuō de hǎo	开得慢 kāi de màn

다음 문장을 읽어 보세요.

工作压力。
Gōngzuò yālì.

工作压力大。
Gōngzuò yālì dà.

工作压力比去年大。
Gōngzuò yālì bǐ qùnián dà.

我的工作压力比去年大。
Wǒ de gōngzuò yālì bǐ qùnián dà.

吃得多。
Chī de duō.

他吃得多。
Tā chī de duō.

他比别人吃得多。
Tā bǐ biéren chī de duō.

他总是比别人吃得多。
Tā zǒngshì bǐ biéren chī de duō.

쓰기 1

주어진 문장을 중국어로 번역하세요.

(1) 너는 시험 본 거 어때?

→ _____

(2) 부럽지, 나는 천재잖아!

→ _____

쓰기 2

알맞은 어순으로 문장을 완성하세요.

(1) 比 / 大 / 上个月 / 工作压力 / 我的

→ _____

(2) 比别人 / 多 / 你总是 / 得 / 挣

→ _____

memo

✳ 복습 ✳

UNIT
16 / **UNIT** 17

UNIT
18 / **UNIT** 19

UNIT
20 / **UNIT** 21

너는 운전할 줄 알아?	你会开车吗? Nǐ huì kāichē ma?
나는 당연히 운전할 줄 알지.	我当然会开车。 Wǒ dāngrán huì kāichē.
너는 얼마나 배웠어?	你学了多长时间? Nǐ xué le duō cháng shíjiān?
나는 두 달 동안 배웠어.	我学了两个月。 Wǒ xué le liǎng ge yuè.

너는 그녀와 약속했어?	你约她了吗? Nǐ yuē tā le ma?
진작에 약속했지.	早就约了。 Zǎojiù yuē le.
너는 왜 운전해서 안 가고?	你为什么不开车去? Nǐ wèishénme bù kāichē qù?
내 차 부딪쳐서 고장 났어.	我的车撞坏了。 Wǒ de chē zhuàng huài le.

너는 연애해 본 적이 있어?	你谈过恋爱吗? Nǐ tán guo liàn'ài ma?
나는 연애해 본 적이 없어.	我没谈过恋爱。 Wǒ méi tán guo liàn'ài.
너는 여자 친구 찾고(사귀고) 싶어?	你想找女朋友吗? Nǐ xiǎng zhǎo nǚpéngyou ma?
당연하지, 난 예쁜(아름다운) 여자 친구를 찾고(사귀고) 싶어.	当然, 我想找漂亮的女朋友。 Dāngrán, wǒ xiǎng zhǎo piàoliang de nǚpéngyou.

너 봐봐, 그녀는 정말 예쁘게 생겼다!

你看，她长得太漂亮了！
Nǐ kàn, tā zhǎng de tài piàoliang le!

너는 그녀의 핸드폰 번호를 알고 싶어?

你想要她的手机号码吗？
Nǐ xiǎng yào tā de shǒujī hàomǎ ma?

너 오늘 멋지게 차려입었다, 데이트 있어?

你穿得真帅，有约会吗？
Nǐ chuān de zhēn shuài, yǒu yuēhuì ma?

나는 그녀와 약속있어, 우린 이미 두 번 만났어.

我约她了，我们已经见了两次。
Wǒ yuē tā le, wǒmen yǐjīng jiàn le liǎng cì.

여보세요, 우리 같이 놀자!

喂,我们一起玩儿吧！
Wéi, wǒmen yìqǐ wánr ba!

나는 감기에 걸렸어, 나가고 싶지 않아.

我感冒了，不想出去。
Wǒ gǎnmào le, bù xiǎng chūqù.

그럼 내가 너한테 감기약을 가지고 갈게.

那我给你带感冒药去吧。
Nà wǒ gěi nǐ dài gǎnmàoyào qù ba.

너무 좋아! 와서 나랑 같이 있어 줘.

太好了，你过来陪我吧。
Tài hǎo le, nǐ guòlái péi wǒ ba.

너는 시험 본 거 어때?

你考得怎么样？
Nǐ kǎo de zěnmeyàng?

내 (현재) 성적은 지난번보다 높아.

我的成绩比上次高。
Wǒ de chéngjì bǐ shàng cì gāo.

너는 언제나 다른 사람보다 (시험을) 잘 봐.

你总是比别人考得好。
Nǐ zǒngshì bǐ biéren kǎo de hǎo.

부럽지, 나는 천재잖아!

羡慕吧，我是天才嘛！
Xiànmù ba, wǒ shì tiāncái ma!

✳ 부록 ✳

정답

색인

정답

• 발음

22p

01 ① b   ② z

③ l   ④ sh

⑤ c   ⑥ r

02 ① ü   ② a

③ e   ④ i

03 ① ji   ② qu

③ che   ④ ri

⑤ cu   ⑥ she

31p

01 ① quàn   ② yuán

③ kòu   ④ líng

⑤ shuāng   ⑥ nuò

36p

01 ① zhèr   ② mǎimai

③ chúhé   ④ rènao

⑤ wánr   ⑥ qīfù

02 ① běnběn   ② lǐxiǎng

③ nǎonù   ④ kǎixuán

⑤ yǎnlǐ   ⑥ xǐshǒu

스크립트

03 ① búmàn   ② búqù

③ bùná   ④ bùxiě

04 ① yídòng   ② yídùn

③ yìshǒu   ④ yítàng

03 ① 不 kàn   ② 不 nào

③ 不 nuó   ④ 不 chī

04 ① 一 jiàn   ② 一 piàn

③ 一 pán   ④ 一 liè

UNIT 01

44p **그림보며 말하기**

(1) A 大家好!

Dàjiā hǎo!

여러분, 안녕하세요!

B 老师好!

Lǎoshī hǎo!

선생님, 안녕하세요!

(2) A 早上好!

Zǎoshang hǎo!

좋은 아침이에요!

B 早上好!

Zǎoshang hǎo!

좋은 아침이에요!

(3) A 再见!

Zàijiàn!

안녕히 가세요!

B 一会儿见!

Yíhuìr jiàn!

이따가 만나요!

(4) A 再见!

Zàijiàn!

잘 가!

B 明天见!

Míngtiān jiàn!

내일 만나!

46p **연습은 실전같이!**

• 듣기   스크립트

01 (1) ⓐ nàn   ⓑ luàn   ⓒ nuǎn

(2) ⓐ jiā   ⓑ zā   ⓒ jiān

02 (1) ⓐ tǔ   ⓑ dù   ⓒ mèi

(2) ⓐ qióng   ⓑ qiǎng   ⓒ xiāng

01 (1) B   (2) B

02 (1) C   (2) A

01 (1) 大家，早上好!

Dàjiā, zǎoshang hǎo!

(2) 大家，晚上好!

Dàjiā, wǎnshang hǎo!

(3) 大家，明天见!

Dàjiā, míngtiān jiàn!

(4) 老师，明天早上见!

Lǎoshī, míngtiān zǎoshang jiàn!

02 (1) 大家，早上好!

Dàjiā, zǎoshang hǎo!

여러분 좋은 아침이에요!

(2) 老师，晚上好!

Lǎoshī, wǎnshang hǎo!

선생님 (저녁에) 안녕하세요!

(3) 大家，一会儿见!

Dàjiā, yíhuìr jiàn!

여러분 이따가 만나요!

(4) 老师，明天早上见!

Lǎoshī, míngtiān zǎoshang jiàn!

선생님 내일 아침에 봬요!

UNIT 02

54p 그림보며 말하기

(1) A 你现在困吗?

Nǐ xiànzài kùn ma?

당신은 지금 졸려요?

B 我很困。

Wǒ hěn kùn.

나는 매우 졸려요.

(2) A 你现在热吗?

Nǐ xiànzài rè ma?

당신은 지금 더워요?

B 我很热。

Wǒ hěn rè.

나는 매우 더워요.

(3) A 衣服漂亮不漂亮?

Yīfu piàoliang bu piàoliang?

옷이 예뻐요?

B 衣服不太漂亮。

Yīfu bú tài piàoliang.

옷이 그다지 예쁘지 않아요.

(4) A 衣服干净不干净?

Yīfu gānjìng bu gānjìng?

옷이 깨끗해요?

B 衣服不太干净。

Yīfu bú tài gānjìng.

옷이 그다지 깨끗하지 않아요.

56p 연습은 실전같이!

• 듣기   스크립트

01 (1) Ⓐ xiǎn   Ⓑ xuǎn   Ⓒ shǎn

(2) Ⓐ rǎn   Ⓑ lǎn   Ⓒ rùn

02 (1) Ⓐ mín   Ⓑ qíng   Ⓒ bìng

(2) Ⓐ jué   Ⓑ xié   Ⓒ xuě

01 (1) C   (2) B

02 (1) A   (2) B

• 쓰기

01 (1) 你现在饿吗?

Nǐ xiànzài è ma?

(2) 我很饿。

Wǒ hěn è

(3) - 饭店远不远?

Fàndiàn yuǎn bu yuǎn?

- 饭店远吗?

Fàndiàn yuǎn ma?

(4) 饭店不太远。

Fàndiàn bú tài yuǎn.

02 (1) 咖啡厅远不远?

Kāfēitīng yuǎn bu yuǎn?

커피숍은 먼가요?

(2) 饭店不太远。

　　Fàndiàn bú tài yuǎn.

　　식당은 그다지 멀지 않아요.

(3) 爸爸现在忙吗？

　　Bàba xiànzài máng ma?

　　아빠는 지금 바쁜가요?

(4) － 我妈妈很累。

　　　Wǒ māma hěn lèi.

　　　우리 엄마는 매우 힘들어요.

　　－ 妈妈，我很累。

　　　Māma, wǒ hěn lèi.

　　　엄마, 저 매우 힘들어요.

UNIT 03

64p　그림보며 말하기

(1) A　他是你哥哥吗？

　　　Tā shì nǐ gēge ma?

　　　그는 당신의 오빠예요?

　　B　不，他是我同学。

　　　Bù, tā shì wǒ tóngxué.

　　　아니요. 그는 나의 학교 친구예요.

(2) A　他是你哥哥吗？

　　　Tā shì nǐ gēge ma?

　　　그는 당신의 오빠예요?

　　B　不，他是我男朋友。

　　　Bù, Tā shì wǒ nánpéngyou.

　　　아니요. 그는 나의 남자 친구예요.

(3) A　这是谁？

　　　Zhè shì shéi?

　　　이 사람은 누구예요?

　　B　这是他女朋友。

　　　Zhè shì tā nǚpéngyou.

　　　이 사람은 그의 여자 친구예요.

(4) A　这是谁？

　　　Zhè shì shéi?

　　　이 사람은 누구예요?

　　B　这是我同事。

　　　Zhè shì wǒ tóngshì.

　　　이 사람은 나의 동료예요.

66p　연습은 실전같이!

● 듣기　　　　　　　　　　스크립트

01　(1) Ⓐ qín　　　Ⓑ qún　　　Ⓒ cēn

　　(2) Ⓐ shān　　Ⓑ sǎn　　　Ⓒ shěn

02　(1) Ⓐ diàn　　Ⓑ tián　　　Ⓒ tán

　　(2) Ⓐ pén　　　Ⓑ pěng　　　Ⓒ bèng

01　(1) C　　　　　　(2) B

02　(1) C　　　　　　(2) A

● 쓰기

01　(1) 他是你男朋友吗？

　　　Tā shì nǐ nánpéngyou ma?

　　(2) 不，他是我同事。

　　　Bù, tā shì wǒ tóngshì.

　　(3) 这是谁？

　　　Zhè shì shéi?

　　(4) 这是同学。

　　　Zhè shì tóngxué.

02　(1) 她是你女朋友吗？

　　　Tā shì nǐ nǚpéngyou ma?

　　　그녀는 당신의 여자 친구인가요?

　　(2) － 不，她是我妹妹。

　　　　Bù, tā shì wǒ mèimei.

　　　　아니요. 그녀는 제 여동생이에요.

　　　－ 不，我是她妹妹。

　　　　Bù, wǒ shì tā mèimei.

　　　　아니요. 저는 그녀의 여동생이에요.

　　　－ 她不是我妹妹。

　　　　Tā bú shì wǒ mèimei.

　　　　그녀는 제 여동생이 아니에요.

　　　－ 我不是她妹妹。

　　　　Wǒ bú shì tā mèimei.

　　　　저는 그녀의 여동생이 아니에요.

(3) 他们是谁?
Tāmen shì shéi?
그들은 누구인가요?

(4) 那是我同事。
Nà shì wǒ tóngshì.
그 사람은 제 동료예요.

UNIT 04

78p **그림보며 말하기**

(1) A 你叫什么名字?
Nǐ jiào shénme míngzi?
당신의 이름이 무엇인가요?

B 我叫成龙。
Wǒ jiào Chéng Lóng.
저는 성룡이에요.

(2) A 你叫什么名字?
Nǐ jiào shénme míngzi?
당신의 이름이 무엇인가요?

B 我叫金秀贤。
Wǒ jiào Jīn Xiùxián.
저는 김수현이에요.

(3) A 你是哪国人?
Nǐ shì nǎ guó rén?
당신은 어느 나라 사람인가요?

B 我是中国人。
Wǒ shì Zhōngguórén.
저는 중국인이에요.

(4) A 你是哪国人?
Nǐ shì nǎ guó rén?
당신은 어느 나라 사람인가요?

B 我是英国人。
Wǒ shì Yīngguórén.
저는 영국인이에요.

80p **연습은 실전같이!**

● 듣기　　　　　　　　　　스크립트

01 (1) Ⓐ nán　　Ⓑ màn　　Ⓒ nuǎn

(2) Ⓐ shēn　　Ⓑ shuǎng　　Ⓒ sǎn

02 (1) Ⓐ kòu　　Ⓑ guò　　Ⓒ dòu

(2) Ⓐ jīn　　Ⓑ zhǔn　　Ⓒ kùn

01 (1) B　　　　(2) C

02 (1) B　　　　(2) A

● 쓰기

01 (1) 你叫什么名字?
Nǐ jiào shénme míngzi?

(2) 我叫朴银真。
Wǒ jiào Piáo Yínzhēn.

(3) 你是哪国人?
Nǐ shì nǎ guó rén?

(4) 我是韩国人。
Wǒ shì Hánguórén.

02 (1) 你弟弟叫什么名字?
Nǐ dìdi jiào shénme míngzi?
당신 남동생의 이름은 무엇인가요?

(2) 我妹妹叫朴银真。
Wǒ mèimei jiào Piáo Yínzhēn.
제 여동생의 이름은 박은진이에요.

(3) 老师是哪国人?
Lǎoshī shì nǎ guó rén?
선생님은 어느 나라 사람인가요?

(4) 他们是中国人。
Tāmen shì Zhōngguórén.
그들은 중국인이에요.

UNIT 05

88p **그림보며 말하기**

(1) A 你喜欢做什么?
Nǐ xǐhuan zuò shénme?
당신은 무엇하는 것을 좋아하나요?

B 我喜欢听音乐。
Wǒ xǐhuan tīng yīnyuè.
저는 음악 듣는 것을 좋아해요.

(2) A 你喜欢做什么?
Nǐ xǐhuan zuò shénme?
당신은 무엇하는 것을 좋아하나요?

B 我喜欢玩儿电脑。
Wǒ xǐhuan wánr diànnǎo.
저는 컴퓨터 하는 것을 좋아해요.

(3) A 你喜欢做什么?
Nǐ xǐhuan zuò shénme?
당신은 무엇하는 것을 좋아하나요?

B 我只喜欢看书。
Wǒ zhǐ xǐhuan kàn shū.
저는 책 보는 것만 좋아해요.

(4) A 你喜欢做什么?
Nǐ xǐhuan zuò shénme?
당신은 무엇하는 것을 좋아하나요?

B 我只喜欢跑步。
Wǒ zhǐ xǐhuan pǎobù.
저는 조깅하는 것만 좋아해요.

90p **연습은 실전같이!**

• 듣기   스크립트

01 (1) Ⓐ pàng   Ⓑ bào   Ⓒ pán

(2) Ⓐ gǎn   Ⓑ kàn   Ⓒ kěn

02 (1) Ⓐ xún   Ⓑ jùn   Ⓒ kùn

(2) Ⓐ kuāng   Ⓑ rāng   Ⓒ shāng

01 (1) B   (2) A

02 (1) C   (2) A

• 쓰기

01 (1) 你喜欢做什么?
Nǐ xǐhuan zuò shénme?

(2) 我喜欢看电影。
Wǒ xǐhuan kàn diànyǐng.

(3) 你喜欢喝咖啡吗?
Nǐ xǐhuan hē kāfēi ma?

(4) 我只喜欢喝美式咖啡。
Wǒ zhǐ xǐhuan hē měishì kāfēi.

02 (1) 弟弟喜欢玩儿什么?
Dìdi xǐhuan wánr shénme?
남동생은 무엇을 하며 노는 것을 좋아하나요?

(2) 老师喜欢喝美式咖啡。
Lǎoshī xǐhuan hē měishì kāfēi.
선생님은 아메리카노 마시는 것을 좋아해요.

(3) 你们喜欢吃水果吗?
Nǐmen xǐhuan chī shuǐguǒ ma?
당신들은 과일 먹는 것을 좋아하나요?

(4) 我只喜欢看韩国电影。
Wǒ zhǐ xǐhuan kàn Hánguó diànyǐng.
저는 한국 영화 보는 것만 좋아해요.

UNIT 06

98p **그림보며 말하기**

(1) A 你有笔记本电脑吗?
Nǐ yǒu bǐjìběn diànnǎo ma?
당신은 노트북이 있나요?

B 我有笔记本电脑。
Wǒ yǒu bǐjìběn diànnǎo.
저는 노트북이 있어요.

(2) A 你有信用卡吗?
Nǐ yǒu xìnyòngkǎ ma?
당신은 신용카드가 있나요?

B 我有信用卡。
Wǒ yǒu xìnyòngkǎ.
저는 신용카드가 있어요.

(3) A 你的雨伞怎么样？

Nǐ de yǔsǎn zěnmeyàng?

당신의 우산은 어떤가요?

B 我的雨伞很实用。

Wǒ de yǔsǎn hěn shíyòng.

제 우산은 매우 실용적이에요.

(4) A 你的自行车怎么样？

Nǐ de zìxíngchē zěnmeyàng?

당신의 자전거는 어떤가요?

B 我的自行车很实用。

Wǒ de zìxíngchē hěn shíyòng.

저의 자전거는 매우 실용적이에요.

100p 연습은 실전같이!

● 듣기 　　　　　　　　　　　스크립트

01 (1) Ⓐ jiè　　　　Ⓑ jiàn　　　　Ⓒ zàn

(2) Ⓐ bái　　　　Ⓑ pāi　　　　Ⓒ péi

02 (1) Ⓐ hǎi　　　　Ⓑ hēi　　　　Ⓒ gěi

(2) Ⓐ lǎn　　　　Ⓑ kěn　　　　Ⓒ gǎn

01 (1) C　　　　　　　(2) A

02 (1) A　　　　　　　(2) B

● 쓰기

01 (1) 你有智能手机吗？

Nǐ yǒu zhìnéng shǒujī ma?

(2) 我有智能手机。

Wǒ yǒu zhìnéng shǒujī.

(3) 你的智能手机怎么样？

Nǐ de zhìnéng shǒujī zěnmeyàng?

(4) 我的智能手机很实用。

Wǒ de zhìnéng shǒujī hěn shíyòng.

02 (1) - 你朋友有自行车吗？

Nǐ péngyou yǒu zìxíngchē ma?

당신의 친구는 자전거가 있나요?

- 朋友，你有自行车吗？

Péngyou, nǐ yǒu zìxíngchē ma?

친구야, 너는 자전거가 있니?

(2) - 我妹妹没有车。

Wǒ mèimei méiyǒu chē.

제 여동생은 차가 없습니다.

- 妹妹，我没有车。

Mèimei, wǒ méiyǒu chē.

여동생아, 나는 차가 없어.

(3) 你的房子怎么样？

Nǐ de fángzi zěnmeyàng?

당신의 방은 어떤가요?

(4) 电影很有意思。

Diànyǐng hěn yǒu yìsi.

영화는 매우 재미있어요.

UNIT 07

108p 그림보며 말하기

(1) A 你有没有小狗？

Nǐ yǒu méiyǒu xiǎogǒu?

당신은 강아지가 있나요?

B 我有一只小狗。

Wǒ yǒu yì zhī xiǎogǒu.

저는 강아지 한 마리가 있어요.

(2) A 你有没有智能手机？

Nǐ yǒu méiyǒu zhìnéng shǒujī?

당신은 스마트폰이 있나요?

B 我有三个智能手机。

Wǒ yǒu sān ge zhìnéng shǒujī.

저는 스마트폰이 세 대 있어요.

(3) A 你家有几口人？

Nǐ jiā yǒu jǐ kǒu rén?

당신 집은 몇 식구예요?

B 我家有五口人。

Wǒ jiā yǒu wǔ kǒu rén.

저희 집은 다섯 식구예요.

(4) A 你家有几口人？

Nǐ jiā yǒu jǐ kǒu rén?

당신 집은 몇 식구예요?

B 我家有两口人。
Wǒ jiā yǒu liǎng kǒu rén.
저희 집은 두 식구예요.

연습은 실전같이!

● 듣기　　　　　　　　　　　　스크립트

01 (1) 雨伞 yǔsǎn 우산

(2) 自行车 zìxíngchē 자전거

02 (1) 我有两个弟弟。
Wǒ yǒu liǎng ge dìdi.
저는 남동생이 두 명 있어요.

(2) 他有一只小狗。
Tā yǒu yì zhī xiǎo gǒu.
그는 강아지 한 마리가 있어요.

01 (1) B　　　　　　　(2) A

02 (1) C　　　　　　　(2) B

● 쓰기

01 (1) 我有一个姐姐。
Wǒ yǒu yí ge jiějie.

(2) 你家有几口人？
Nǐ jiā yǒu jǐ kǒu rén?

(3) 你有没有姐姐？
Nǐ yǒu méiyǒu jiějie?

(4) 我家有四口人。
Wǒ jiā yǒu sì kǒu rén.

02 (1) 你爸爸有没有信用卡？
Nǐ bàba yǒu méiyǒu xìnyòngkǎ?
당신 아빠는 신용카드가 있나요?

(2) 男朋友家有三口人。
Nánpéngyou jiā yǒu sān kǒu rén.
남자친구 가족은 세 식구예요.

(3) 我弟弟有女朋友。
Wǒ dìdi yǒu nǚpéngyou.
제 남동생은 여자 친구가 있어요.

(4) 朋友家有一只小狗。
Péngyou jiā yǒu yì zhī xiǎogǒu.
친구 집에는 강아지 한 마리가 있어요.

UNIT 08

그림보며 말하기

(1) A 你多大？
Nǐ duō dà?
당신은 몇 살이에요?

B 我十二岁。
Wǒ shí'èr suì.
저는 12살이에요.

(2) A 你多大？
Nǐ duō dà?
당신은 몇 살이에요?

B 我二十七岁。
Wǒ èrshíqī suì.
저는 27살이에요.

(3) A 你属什么？
Nǐ shǔ shénme?
당신은 무슨 띠예요?

B 我属兔。
Wǒ shǔ tù.
저는 토끼띠예요.

(4) A 你属什么？
Nǐ shǔ shénme?
당신은 무슨 띠예요?

B 我属羊。
Wǒ shǔ yáng.
저는 양띠예요.

연습은 실전같이!

● 듣기　　　　　　　　　　　　스크립트

01 (1) 二十一岁 èrshíyī suì 21살

(2) 属兔 shǔ tù 토끼띠

02 (1) 我爱人属羊。

Wǒ àiren shǔ yáng.

저의 아내(혹은 남편)은 양띠예요.

(2) 他妹妹8岁。

Tā mèimei bā suì.

그의 여동생은 8살이에요.

01 (1) C (2) A

02 (1) C (2) A

● 쓰기

01 (1) 你属什么?

Nǐ shǔ shénme?

(2) 我属狗。

Wǒ shǔ gǒu.

(3) 你今年多大?

Nǐ jīnnián duō dà?

(4) 我今年23岁。

Wǒ jīnnián èrshísān suì.

02 (1) 我弟弟18岁。

Wǒ dìdi shíbā suì.

제 남동생은 18살이에요.

(2) 你女朋友属什么?

Nǐ nǚpéngyou shǔ shénme?

당신 여자 친구는 무슨 띠예요?

(3) - 我今年21岁。

Wǒ jīnnián èrshíyī suì.

저는 올해 21살이에요.

- 今年我21岁。

Jīnnián wǒ èrshíyī suì.

올해 저는 21살이에요.

(4) 我妈妈属兔。

Wǒ māma shǔ tù.

저희 엄마는 토끼띠예요.

UNIT 09

128p 그림보며 말하기

(1) A 现在几点?

Xiànzài jǐ diǎn?

지금 몇 시예요?

B 现在差五分九点。

Xiànzài chà wǔ fēn jiǔ diǎn.

지금은 9시 5분 전이에요.

(2) A 现在几点?

Xiànzài jǐ diǎn?

지금 몇 시예요?

B - 现在差十五分两点。

Xiànzài chà shíwǔ fēn liǎng diǎn.

지금은 2시 15분 전이에요.

- 现在差一刻两点。

Xiànzài chà yí kè liǎng diǎn.

지금은 2시 15분 전이에요.

(3) A 你几点睡觉?

Nǐ jǐ diǎn shuìjiào?

당신은 몇 시에 자요?

B 我十一点睡觉。

Wǒ shíyī diǎn shuìjiào.

저는 11시에 자요.

(4) A 你几点上班?

Nǐ jǐ diǎn shàngbān?

당신은 몇 시에 출근해요?

B 我七点五十分上班。

Wǒ qī diǎn wǔshí fēn shàngbān.

저는 7시 50분에 출근해요.

130p 연습은 실전같이!

● 듣기 스크립트

01 (1) 两点十分 liǎng diǎn shí fēn 2시 10분

(2) 吃饭 chīfàn 밥을 먹다

02 (1) 我七点半起床。

Wǒ qī diǎn bàn qǐchuáng.

저는 7시 반에 일어납니다.

(2) 我两点见朋友。

Wǒ liǎng diǎn jiàn péngyou.

저는 2시에 친구를 만나요.

01 (1) B   (2) A

02 (1) C   (2) C

● 쓰기

01 (1) 现在差十分五点。

Xiànzài chà shí fēn wǔ diǎn.

(2) 你几点下班？

Nǐ jǐ diǎn xiàbān?

(3) 现在五点吗？

Xiànzài wǔ diǎn ma?

(4) 我六点半下班。

Wǒ liù diǎn bàn xiàbān.

02 (1) 现在差十分一点。

Xiànzài chà shí fēn yī diǎn.

지금은 1시 10분 전이에요.

(2) 我妈妈五点半起床。

Wǒ māma wǔ diǎn bàn qǐchuáng.

저희 엄마는 5시 반에 일어나세요.

(3) 你几点见朋友？

Nǐ jǐ diǎn jiàn péngyou?

당신은 몇 시에 친구를 만나나요?

(4) 现在十二点半吗？

Xiànzài shí'èr diǎn bàn ma?

지금이 12시 반인가요?

UNIT **10**

142p **실전같이 말하기**

男 今天几月几号？

Jīntiān jǐ yuè jǐ hào?

오늘이 몇 월 며칠인가요?

女 今天8月20号。

Jīntiān bā yuè èrshí hào.

오늘은 8월 20일이에요.

男 今天是你的生日吗？

Jīntiān shì nǐ de shēngrì ma?

오늘이 당신의 생일이죠?

女 不是，明天是我的生日。

Bú shì, míngtiān shì wǒ de shēngrì.

아니요. 내일이 제 생일이에요.

144p **연습은 실전같이!**

● 듣기   스크립트

01 (1) 生日 shēngrì 생일

(2) 星期天 xīngqītiān 일요일

02 (1) 星期天是5月30号。

Xīngqītiān shì wǔ yuè sānshí hào.

일요일은 5월 30일이에요.

(2) 我的生日是星期三。

Wǒ de shēngrì shì xīngqīsān.

저의 생일은 수요일이에요.

01 (1) A   (2) C

02 (1) B   (2) B

● 쓰기

01 (1) 今天几月几号？

Jīntiān jǐ yuè jǐ hào?

(2) 我的生日不是星期六，是星期天。

Wǒ de shēngrì bú shì xīngqīliù, shì xīngqītiān.

(3) 我的生日一月九号。

Wǒ de shēngrì yī yuè jiǔ hào.

(4) 今天是星期六吗？

Jīntiān shì xīngqīliù ma?

02 (1) - 后天是十二月二十五号。

Hòutiān shì shí'èr yuè èrshíwǔ hào.

모레는 12월 25일이에요.

- 十二月二十五号是后天。

Shí'èr yuè èrshíwǔ hào shì hòutiān

12월 25일은 모레예요.

(2) - 妈妈的生日不是星期五。
　　 Māma de shēngrì bú shì xīngqīwǔ.
　　 엄마의 생신은 금요일이 아니에요.

　　 - 星期五不是妈妈的生日。
　　 Xīngqīwǔ bú shì māma de shēngrì.
　　 금요일은 엄마의 생신이 아니에요.

(3) - 情人节是二月十四号。
　　 Qíngrén Jié shì èr yuè shísì hào.
　　 밸런타인데이는 2월 14일이에요.

　　 - 二月十四号是情人节。
　　 Èr yuè shísì hào shì Qíngrén Jié.
　　 2월 14일은 밸런타인데이예요.

(4) - 明天是星期天。
　　 Míngtiān shì xīngqītiān.
　　 내일은 일요일이에요.

　　 - 星期天是明天。
　　 Xīngqītiān shì míngtiān.
　　 일요일은 내일이에요.

UNIT 11

152p 실전같이 말하기

男　周末你要做什么？
　　Zhōumò nǐ yào zuò shénme?
　　주말에 당신은 무엇을 할 거예요?

女　我要骑自行车。
　　Wǒ yào qí zìxíngchē.
　　저는 자전거를 탈 거예요.

男　你在哪儿骑自行车？
　　Nǐ zài nǎr qí zìxíngchē?
　　당신은 어디에서 자전거를 탈 거예요?

女　我在公园骑自行车。
　　Wǒ zài gōngyuán qí zìxíngchē.
　　저는 공원에서 자전거를 탈 거예요.

154p 연습은 실전같이!

● 듣기　　　　　　　　스크립트

01 (1) 喝酒 hē jiǔ 술을 마시다

　　(2) 医院 yīyuàn 병원

02 (1) 后天我想去学校。
　　 Hòutiān wǒ xiǎng qù xuéxiào.
　　 모레 저는 학교에 가려고 해요.

　　(2) 我们在车站见吧。
　　 Wǒmen zài chēzhàn jiàn ba.
　　 우리 정류장에서 만나요.

01 (1) B　　　　　　(2) C
02 (1) A　　　　　　(2) A

● 쓰기

01 (1) 我们在哪儿见？
　　 Wǒmen zài nǎr jiàn?

　　(2) 我明天不想去西单。
　　 Wǒ míngtiān bù xiǎng qù Xīdān.

　　(3) 你明天要去西单吗？
　　 Nǐ míngtiān yào qù Xīdān ma?

　　(4) 我们在天安门见吧。
　　 Wǒmen zài Tiān'ānmén jiàn ba.

02 (1) - 今天你要见朋友吗？
　　 Jīntiān nǐ yào jiàn péngyou ma?
　　 오늘 당신은 친구를 만나려고 하나요?

　　 - 你今天要见朋友吗？
　　 Nǐ jīntiān yào jiàn péngyou ma?
　　 당신은 오늘 친구를 만나려고 하나요?

　　 - 今天朋友要见你吗？
　　 Jīntiān péngyou yào jiàn nǐ ma?
　　 오늘 친구가 당신을 만나려고 하나요?

　　 - 朋友今天要见你吗？
　　 Péngyou jīntiān yào jiàn nǐ ma?
　　 친구가 오늘 당신을 만나려고 하나요?

　　(2) 我们在学校见吧。
　　 Wǒmen zài xuéxiào jiàn ba.
　　 우리 학교에서 만나요.

　　(3) - 我今天不想看电影。
　　 Wǒ jīntiān bù xiǎng kàn diànyǐng.
　　 저는 오늘 영화를 보고 싶지 않아요.

– 今天我不想看电影。
Jīntiān wǒ bù xiǎng kàn diànyǐng.
오늘 저는 영화를 보고 싶지 않아요.

(4) 你们在哪儿等我?
Nǐmen zài nǎr děng wǒ?
당신들은 어디서 저를 기다려요?

UNIT 12

162p **실전같이 말하기**

男 一朵玫瑰花多少钱?
Yì duǒ méiguihuā duōshao qián?
장미 한 송이에 얼마예요?

女 一朵玫瑰花十块。你买几朵?
Yì duǒ méiguihuā shí kuài. Nǐ mǎi jǐ duǒ?
한 송이에 10위안이에요. 당신은 몇 송이 사실 거예요?

男 我要买十一朵玫瑰花,多少钱?
Wǒ yào mǎi shíyī duǒ méiguihuā, duōshao qián?
저는 장미 열한 송이 살 거예요. 얼마예요?

女 一共一百块。
Yígòng yìbǎi kuài.
모두 100위안이에요.

164p **연습은 실전같이!**

● 듣기 　　　　　　　　　　스크립트

01 (1) 玫瑰花 méiguihuā 장미꽃

(2) 睡觉 shuìjiào (잠을) 자다

02 (1) 这只小狗很可爱。
Zhè zhī xiǎogǒu hěn kě'ài.
이 강아지는 정말 귀여워요.

(2) 今天不能出国。
Jīntiān bù néng chūguó.
오늘은 출국할 수 없어요.

01 (1) C 　　　　　　(2) B

02 (1) B 　　　　　　(2) B

● 쓰기

01 (1) 不好意思,不能卖。
Bù hǎoyìsi, bù néng mài.

(2) 这件衣服多少钱?
Zhè jiàn yīfu duōshao qián?

(3) 三百块能卖吗?
Sānbǎi kuài néng mài ma?

(4) 三百五十块。
Sānbǎi wǔshí kuài.

02 (1) 那台电脑多少钱?
Nà tái diànnǎo duōshao qián?
저 컴퓨터는 얼마예요?

(2) 我明天不能回国。
Wǒ míngtiān bù néng huíguó.
저는 내일 귀국할 수 없어요.

(3) 三朵玫瑰花四十块。
Sān duǒ méiguihuā sìshí kuài.
장미꽃 세 송이에 40위안이에요.

(4) 明年你能来中国吗?
Míngnián nǐ néng lái Zhōngguó ma?
내년에 당신은 중국에 올 수 있나요?

UNIT 13

172p **실전같이 말하기**

男 你正在做什么?
Nǐ zhèngzài zuò shénme?
너는 지금 뭐 하고 있니?

女 我正在化妆呢。
Wǒ zhèngzài huàzhuāng ne.
저는 지금 화장해요.

男 你要去哪儿?
Nǐ yào qù nǎr?
어디에 가려고 하니?

女 我要去见朋友。
Wǒ yào qù jiàn péngyou.
저는 친구를 만나러 가려고 해요.

● 듣기

01 (1) 照相机 zhàoxiàngjī 카메라

(2) 洗脸 xǐliǎn 세수하다

02 (1) 你为什么带照相机?

Nǐ wèishénme dài zhàoxiàngjī?

당신은 왜 카메라를 가지고 왔나요?

(2) 现在有点儿热。

Xiànzài yǒudiǎnr rè.

지금 조금 더워요.

01 (1) C　　　　　　　(2) B

02 (1) C　　　　　　　(2) A

● 쓰기

01 (1) 现在有点儿冷，风很大。

Xiànzài yǒudiǎnr lěng, fēng hěn dà.

(2) 你为什么带雨伞?

Nǐ wèishénme dài yǔsǎn?

(3) 现在外面冷吗?

Xiànzài wàimiàn lěng ma?

(4) 外面正在下雨呢。

Wàimiàn zhèngzài xiàyǔ ne.

02 (1) 我妈妈正在化妆呢。

Wǒ māma zhèngzài huàzhuāng ne.

우리 엄마는 지금 화장 중이에요.

(2) 你为什么带照相机?

Nǐ wèishénme dài zhàoxiàngjī?

당신은 왜 카메라를 가지고 왔나요?

(3) 现在外面黑吗?

Xiànzài wàimiàn hēi ma?

지금 밖이 어두운가요?

(4) 外面风有点儿大。

Wàimiàn fēng yǒudiǎnr dà.

밖에 바람이 조금 세요.

UNIT 14

女 你想吃什么?

Nǐ xiǎng chī shénme?

당신은 무엇이 먹고 싶어요?

男 我想吃炸酱面。

Wǒ xiǎng chī zhájiàngmiàn.

저는 짜장면이 먹고 싶어요.

女 我也想吃炸酱面。饭馆儿离这儿远不远?

Wǒ yě xiǎng chī zhájiàngmiàn. Fànguǎnr lí zhèr yuǎn bu yuǎn?

저도 짜장면 먹고 싶어요. 식당이 여기서 멀어요?

男 不远。往左拐，到丁字路口往左拐。

Bù yuǎn. Wǎng zuǒ guǎi, dào dīngzì lùkǒu wǎng zuǒ guǎi.

멀지 않아요. 좌회전하고, 삼거리에서 좌회전하면 돼요.

● 듣기

01 (1) 十字路口 shízì lùkǒu 사거리

(2) 医院 yīyuàn 병원

02 (1) 汉江公园离这儿很近。

Hànjiāng gōngyuán lí zhèr hěn jìn.

한강공원은 여기서 가까워요.

(2) 往前走，过红绿灯就到。

Wǎng qián zǒu, guò hónglǜdēng jiù dào.

직진하다가 신호등을 건너면 바로 도착해요.

01 (1) B　　　　　　　(2) C

02 (1) C　　　　　　　(2) B

● 쓰기

01 (1) 有点儿远，你坐公交车去吧。

Yǒudiǎnr yuǎn, nǐ zuò gōngjiāochē qù ba.

(2) 请问，医院离这儿远吗?

Qǐngwèn, yīyuàn lí zhèr yuǎn ma?

(3) 车站怎么走?

Chēzhàn zěnme zǒu?

(4) 往前走，往右拐，过十字路口就到。

Wǎng qián zǒu, wǎng yòu guǎi, guò shízì lùkǒu jiù dào.

02 (1) 首尔大学离这儿近吗?

Shǒu'ěr Dàxué lí zhèr jìn ma?

서울대학교는 여기서 가깝나요?

(2) 过红绿灯就到。

Guò hónglǜdēng jiù dào.

신호등을 지나면 바로 도착해요.

(3) 你坐地铁去吧。

Nǐ zuò dìtiě qù ba.

당신은 지하철을 타고 가세요.

(4) 学校的咖啡厅怎么走?

Xuéxiào de kāfēitīng zěnme zǒu?

학교 커피숍은 어떻게 가요?

UNIT 15

192p **실전같이 말하기**

男　你们老板在公司吗?

Nǐmen lǎobǎn zài gōngsī ma?

당신의 사장님은 회사에 계시나요?

女　他不在公司，在北京。

Tā bú zài gōngsī, zài Běijīng.

그는 회사에 없어요. 북경에 있어요.

男　他什么时候回韩国?

Tā shénme shíhou huí Hánguó?

그는 언제 한국에 돌아오나요?

女　他下个月回韩国。

Tā xià ge yuè huí Hánguó.

그는 다음 달에 한국에 돌아와요.

194p **연습은 실전같이!**

● 듣기　　　　　　　　　　　　스크립트

01 (1) 过生日 guò shēngrì 생일을 보내다

(2) 咖啡厅 kāfēitīng 커피숍

02 (1) 你给他发邮件吧。

Nǐ gěi tā fā yóujiàn ba.

당신은 그에게 우편을 보내세요.

(2) 你什么时候回家?

Nǐ shénme shíhou huíjiā?

당신은 언제 집에 가나요?

01 (1) A　　　　　(2) C

02 (1) B　　　　　(2) B

● 쓰기

01 (1) 不好意思，他不在家，在公司。

Bù hǎoyìsi, tā bú zài jiā, zài gōngsī.

(2) 我不知道，你给他打电话吧。

Wǒ bù zhīdao, nǐ gěi tā dǎ diànhuà ba.

(3) 喂，你爱人在家吗?

Wéi, nǐ àiren zài jiā ma?

(4) 他什么时候回家?

Tā shénme shíhou huíjiā?

02 (1) 你爸爸什么时候回家?

Nǐ bàba shénme shíhou huíjiā?

당신의 아버지는 언제 집에 돌아오세요?

(2) 你妈妈在家吗?

Nǐ māma zài jiā ma?

당신의 어머니는 집에 계세요?

(3) – 朋友给我打电话。

Péngyou gěi wǒ dǎ diànhuà.

친구가 나에게 전화를 했다.

– 我给朋友打电话。

Wǒ gěi péngyou dǎ diànhuà.

나는 친구에게 전화를 했다.

(4) 哥哥不在公司。

Gēge bú zài gōngsī.

오빠는 회사에 있지 않아요.

UNIT 16

206p **실전같이 말하기**

女　你要去哪儿?
　　Nǐ yào qù nǎr?
　　당신은 어디 가세요?

男　我要去游泳馆。我每天去游泳。
　　Wǒ yào qù yóuyǒngguǎn. Wǒ měitiān qù yóuyǒng.
　　저는 수영장에 가요. 저는 매일 가서 수영해요.

女　你每天游多长时间?
　　Nǐ měitiān yóu duō cháng shíjiān?
　　당신은 매일 얼마나 오랫동안 수영해요?

男　我每天游一个小时。
　　Wǒ měitiān yóu yí ge xiǎoshí.
　　저는 매일 1시간 수영해요.

208p **연습은 실전같이!**

● 듣기　　　　　　　　　　　스크립트

01 (1) 我当然会弹吉他。
　　　Wǒ dāngrán huì tán jítā.
　　　저는 당연히 기타를 칠 줄 알아요.

　 (2) 昨天我喝了三个小时酒。
　　　Zuótiān wǒ hē le sān ge xiǎoshí jiǔ.
　　　어제 저는 세 시간 동안 술을 마셨어요.

02 (1) A 你会开车吗?
　　　　 Nǐ huì kāichē ma?
　　　　 당신은 운전할 줄 아나요?

　　　 B 不，我会骑自行车。
　　　　 Bù, wǒ huì qí zìxíngchē.
　　　　 아니요. 저는 자전거를 탈 줄 알아요.

　 (2) A 你会游泳吗?
　　　　 Nǐ huì yóuyǒng ma?
　　　　 당신은 수영을 할 줄 아나요?

　　　 B 我会游泳，我学了两个月。
　　　　 Wǒ huì yóuyǒng, wǒ xué le liǎng ge yuè.
　　　　 저는 수영할 줄 알아요. 저는 두 달 배웠어요.

01 (1) C　　　　　(2) B
02 (1) B　　　　　(2) C

● 쓰기

01 (1) 我当然会开车。
　　　Wǒ dāngrán huì kāichē.

　 (2) 你学了多长时间?
　　　Nǐ xué le duō cháng shíjiān?

02 (1) 你会做中国菜吗?
　　　Nǐ huì zuò Zhōngguócài ma?
　　　당신은 중국 요리를 만들 줄 아나요?

　 (2) 我做了两个小时工作。
　　　Wǒ zuò le liǎng ge xiǎoshí gōngzuò.
　　　저는 두 시간 동안 일을 했어요.

UNIT 17

216p **실전같이 말하기**

男　你为什么不下班?
　　Nǐ wèishénme bú xiàbān?
　　당신은 왜 퇴근하지 않나요?

女　我没做完工作，你呢?
　　Wǒ méi zuò wán gōngzuò, nǐ ne?
　　아직 일을 다 못 끝냈어요. 당신은요?

男　我也是，你吃晚饭了吗?
　　Wǒ yě shì, nǐ chī wǎnfàn le ma?
　　저도요. 저녁 식사는 하셨어요?

女　我没吃晚饭，但是我带三明治了。
　　Wǒ méi chī wǎnfàn, dànshì wǒ dài sānmíngzhì le.
　　저는 저녁 식사 못 했어요. 그런데 샌드위치를 싸왔어요.

218p **연습은 실전같이!**

● 듣기　　　　　　　　　　　스크립트

01 (1) 我还没买到电影票呢。
　　　Wǒ hái méi mǎi dào diànyǐng piào ne.
　　　저는 아직 영화 표를 사지 못했어요.

278

(2) 我坐错车了。

Wǒ zuò cuò chē le.

저는 차를 잘못 탔어요.

02 (1) A 你毕业了吗?

Nǐ bìyè le ma?

당신은 졸업했나요?

B 没毕业,我明年毕业。

Méi bìyè, wǒ míngnián bìyè.

졸업하지 않았어요. 저는 내년에 졸업해요.

(2) A 你要去哪儿?

Nǐ yào qù nǎr?

당신은 어디에 가려고 하나요?

B 我做完工作了,现在要去运动。

Wǒ zuò wán gōngzuò le, xiànzài yào qù yùndòng.

저는 일을 다 끝냈어요. 지금 운동하러 가려고 해요.

01 (1) B   (2) C

02 (1) A   (2) C

● 쓰기

01 (1) 早就约了。

Zǎo jiù yuē le.

(2) 你为什么不开车去?

Nǐ wèishénme bù kāichē qù?

02 (1) 你买生日礼物了吗?

Nǐ mǎi shēngrì lǐwù le ma?

당신은 생일 선물을 샀나요?

(2) 我没做完作业。

Wǒ méi zuò wán zuòyè.

저는 아직 숙제를 다 하지 못했어요.

226p 실전같이 말하기

男 你吃过羊肉串吗?

Nǐ chī guo yángròuchuàn ma?

당신은 양꼬치를 먹어 본 적 있나요?

女 我没吃过羊肉串,好吃吗?

Wǒ méi chī guo yángròuchuàn, hǎochī ma?

저는 양꼬치를 먹어 본 적 없어요. 맛있나요?

男 非常好吃,你想吃羊肉串吗?

Fēicháng hǎochī, nǐ xiǎng chī yángròuchuàn ma?

아주 맛있어요. 당신은 양꼬치를 먹고 싶나요?

女 我想吃好吃的羊肉串,现在去吧!

Wǒ xiǎng chī hǎochī de yángròuchuàn, xiànzài qù ba!

전 맛있는 양꼬치를 먹고 싶어요. 지금 가요!

228p 연습은 실전같이!

● 듣기   스크립트

01 (1) 我姐姐没留学过。

Wǒ jiějie méi liúxué guo.

저희 누나는 유학한 적이 없어요.

(2) 我想去故宫。

Wǒ xiǎng qù Gùgōng.

저는 고궁에 가고 싶어요.

02 (1) A 你喝过日本清酒吗?

Nǐ hē guo Rìběn qīngjiǔ ma?

당신은 일본 청주를 마셔 본 적이 있나요?

B 我去过日本,但是没喝过日本清酒。

Wǒ qù guo Rìběn, dànshì méi hē guo Rìběn qīngjiǔ.

저는 일본에 가 본 적이 있어요. 하지만 일본 청주는 마셔 본 적이 없어요.

(2) A 你有笔记本电脑吗?

Nǐ yǒu bǐjìběn diànnǎo ma?

당신은 노트북이 있나요?

B 没有，我想买一台便宜的电脑。

Méiyǒu, wǒ xiǎng mǎi yì tái piányi de diànnǎo.

아니요. 저는 싼 컴퓨터를 하나 사려고 해요.

01 (1) C (2) B

02 (1) A (2) A

● 쓰기

01 (1) 你想找女朋友吗？

Nǐ xiǎng zhǎo nǚpéngyou ma?

(2) 你谈过恋爱吗？

Nǐ tán guo liàn'ài ma?

02 (1) 我没看过中国电影。

Wǒ méi kàn guo Zhōngguó diànyǐng.

저는 중국 영화를 본 적이 없어요.

(2) 我想换漂亮的手机。

Wǒ xiǎng huàn piàoliang de shǒujī.

저는 예쁜 핸드폰으로 바꾸고 싶어요.

UNIT 19

236p **실전같이 말하기**

男 你考过HSK吗？

Nǐ kǎo guo HSK ma?

당신은 HSK 시험을 본 적 있나요?

女 我考过三次，考试很难。

Wǒ kǎo guo sān cì, kǎoshì hěn nán.

전 세 번 본 적이 있는데, 많이 어려워요.

男 你考得怎么样？

Nǐ kǎo de zěnmeyàng?

시험은 어땠어요？

女 我考得非常好。

Wǒ kǎo de fēicháng hǎo.

저는 굉장히 잘 봤어요.

238p **연습은 실전같이!**

● 듣기 [스크립트]

01 (1) 他挣得太多了。

Tā zhèng de tài duō le.

그는 (돈을) 많이 벌어요.

(2) 去年我去了一次中国。

Qùnián wǒ qù le yí cì Zhōngguó.

작년에 저는 중국에 한 번 갔어요.

02 (1) A 你想要那个手表吗？

Nǐ xiǎng yào nà ge shǒubiǎo ma?

당신은 저 손목시계를 가지고 싶나요?

B 我非常喜欢那个手表，但是那个手表卖得太贵了。

Wǒ fēicháng xǐhuan nà ge shǒubiǎo, dànshì nà ge shǒubiǎo mài de tài guì le.

저는 저 손목시계를 매우 좋아해요. 하지만 저 손목시계는 너무 비싸요.

(2) A 你去过美国吗？

Nǐ qù guo Měiguó ma?

당신은 미국에 가 본 적이 있나요?

B 去年我去了一次美国，还去了一次中国。

Qùnián wǒ qù le yí cì Měiguó, hái qù le yí cì Zhōngguó.

작년에 저는 미국에 한 번 간 적이 있어요. 그리고 중국도 한 번 갔어요.

01 (1) A (2) A

02 (1) C (2) B

● 쓰기

01 (1) 你穿得真帅，有约会吗？

Nǐ chuān de zhēn shuài, yǒu yuēhuì ma?

(2) 你想要她的手机号码吗？

Nǐ xiǎng yào tā de shǒujī hàomǎ ma?

02 (1) 她爱人挣得不多。

　　Tā àiren zhèng de bù duō.

　　그녀의 남편은 (돈을) 많이 벌지 못해요.

(2) 他已经来了三次电话。

　　Tā yǐjīng lái le sān cì diànhuà.

　　그는 이미 세 번이나 전화했어요.

UNIT 20

246p **실전같이 말하기**

男　你出来，我们一起喝酒吧。

　　Nǐ chūlái, wǒmen yìqǐ hē jiǔ ba.

　　나와요. 우리 같이 술 마셔요.

女　好啊，我也想喝酒。你在哪儿?

　　Hǎo a, wǒ yě xiǎng hē jiǔ. Nǐ zài nǎr?

　　좋아요. 저도 술 마시고 싶어요. 당신은 어디예요?

男　我在酒吧，你过来找我吧。

　　Wǒ zài jiǔbā, nǐ guòlái zhǎo wǒ ba.

　　저는 술집이에요. 저를 찾아오세요.

女　好，我过去找你，你给我发地址吧。

　　Hǎo, wǒ guòqù zhǎo nǐ, nǐ gěi wǒ fā dìzhǐ ba.

　　좋아요. 제가 찾아갈게요. 주소를 제게 보내주세요.

248p **연습은 실전같이!**

● **듣기**　　　　　　　　　　　　　스크립트

01 (1) 我拉肚子了，不想出去。

　　Wǒ lā dùzi le, bù xiǎng chūqù.

　　저는 설사를 해요. 나가고 싶지 않아요.

(2) 我给你带礼物去吧。

　　Wǒ gěi nǐ dài lǐwù qù ba.

　　저는 당신에게 줄 선물을 가지고 갈게요.

02 (1) A 我们一起去爬山吧。

　　　Wǒmen yìqǐ qù páshān ba.

　　　우리 같이 등산하러 가요.

B 我不想出去，我们在家看电影吧。

　　Wǒ bù xiǎng chūqù, wǒmen zài jiā kàn diànyǐng ba.

　　저는 나가고 싶지 않아요. 우리 집에서 영화를 봐요.

(2) A 你给我带生日礼物来了吗?

　　　Nǐ gěi wǒ dài shēngrì lǐwù lái le ma?

　　　당신은 저에게 줄 생일 선물을 가지고 왔나요?

B 当然，我买来生日蛋糕了。

　　Dāngrán, wǒ mǎi lái shēngrì dàngāo le.

　　당연하죠. 저는 생일 케이크를 사 왔어요.

01 (1) B　　　　　　　(2) C

02 (1) B　　　　　　　(2) B

● **쓰기**

01 (1) 喂，我们一起玩儿吧!

　　Wéi, wǒmen yìqǐ wánr ba!

(2) 太好了，你过来陪我吧。

　　Tài hǎo le, nǐ guòlái péi wǒ ba.

02 (1) 我感冒了，不想出去。

　　Wǒ gǎnmào le, bù xiǎng chūqù.

　　저는 감기 걸렸어요. 나가고 싶지 않아요.

(2) 我给你带生日礼物去吧。

　　Wǒ gěi nǐ dài shēngrì lǐwù qù ba.

　　저는 당신에게 줄 생일 선물을 가지고 갈게요.

UNIT 21

256p **실전같이 말하기**

男　老师，你看，我写得怎么样?

　　Lǎoshī, nǐ kàn, wǒ xiě de zěnmeyàng?

　　선생님, 좀 봐 주세요. 제가 쓴 것이 어떤가요?

女　这次比上次漂亮。

　　Zhè cì bǐ shàng cì piàoliang.

　　이번이 지난번보다 예쁘구나.

男 我说得怎么样？
Wǒ shuō de zěnmeyàng?
제가 말하는 것이 어떤가요?

女 你说得比别人好。
Nǐ shuō de bǐ biéren hǎo.
다른 사람보다 말을 잘 해.

258p 연습은 실전같이!

● 듣기   스크립트

01 (1) 你总是比别人吃得多。
Nǐ zǒngshì bǐ biéren chī de duō.
당신은 늘 다른 사람보다 많이 먹어요.

(2) 你睡得怎么样？
Nǐ shuì de zěnmeyàng?
당신은 잘 잤나요?

02 (1) A 这次考得比上次好，你复习了多长
时间？
Zhè cì kǎo de bǐ shàng cì hǎo, nǐ
fùxí le duō cháng shíjiān?
이번 시험을 지난번 시험보다 잘 봤네요.
당신은 복습을 얼마나 했나요?

B 我复习了五天。
Wǒ fùxí le wǔ tiān.
저는 5일 복습했어요.

(2) A 你总是比别人来得早。
Nǐ zǒngshì bǐ biéren lái de zǎo.
당신은 늘 다른 사람보다 빨리 와요.

B 我总是起得早嘛！
Wǒ zǒngshì qǐ de zǎo ma!
저는 늘 일찍 일어나니까요!

01 (1) B   (2) C

02 (1) A   (2) B

● 쓰기

01 (1) 你考得怎么样？
Nǐ kǎo de zěnmeyàng?

(2) 羡慕吧，我是天才嘛！
Xiànmù ba, wǒ shì tiāncái ma!

02 (1) 我的工作压力比上个月大。
Wǒ de gōngzuò yālì bǐ shàng ge yuè
dà.
저는 업무 스트레스가 지난달보다 많아졌어요.

(2) 你总是比别人挣得多。
Nǐ zǒngshì bǐ biéren zhèng de duō.
당신은 늘 다른 사람보다 (돈을) 많이 벌어요.

색인

음절표

	a	o	e	-i	er	ai	ei	ao	ou	an	en	ang	eng	ong	i	ia	iao	ie
b	ba	bo				bai	bei	bao		ban	ben	bang	beng		bi		biao	bie
p	pa	po				pai	pei	pao	pou	pan	pen	pang	peng		pi		piao	pie
m	ma	mo	me			mai	mei	mao	mou	man	men	mang	meng		mi		miao	mie
f	fa	fo					fei		fou	fan	fen	fang	feng					
d	da		de			dai	dei	dao	dou	dan	den	dang	deng	dong	di		diao	die
t	ta		te			tai		tao	tou	tan		tang	teng	tong	ti		tiao	tie
n	na		ne			nai	nei	nao	nou	nan	nen	nang	neng	nong	ni		niao	nie
l	la		le			lai	lei	lao	lou	lan		lang	leng	long	li	lia	liao	lie
g	ga		ge			gai	gei	gao	gou	gan	gen	gang	geng	gong				
k	ka		ke			kai	kei	kao	kou	kan	ken	kang	keng	kong				
h	ha		he			hai	hei	hao	hou	han	hen	hang	heng	hong				
j															ji	jia	jiao	jie
q															qi	qia	qiao	qie
x															xi	xia	xiao	xie
zh	zha		zhe	zhi		zhai	zhei	zhao	zhou	zhan	zhen	zhang	zheng	zhong				
ch	cha		che	chi		chai		chao	chou	chan	chen	chang	cheng	chong				
sh	sha		she	shi		shai	shei	shao	shou	shan	shen	shang	sheng					
r			re	ri				rao	rou	ran	ren	rang	reng	rong				
z	za		ze	zi		zai	zei	zao	zou	zan	zen	zang	zeng	zong				
c	ca		ce	ci		cai		cao	cou	can	cen	cang	ceng	cong				
s	sa		se	si		sai		sao	sou	san	sen	sang	seng	song				
	a	o	e		er	ai	ei	ao	ou	an	en	ang	eng			yi	ya	yao	ye

	2						3									4			
	iou	ian	in	iang	ing	iong	u	ua	uo	uai	uei	uan	uen	uang	ueng	ü	üe	üan	ün
		bian	bin		bing		bu												
		pian	pin		ping		pu												
	miu	mian	min		ming		mu												
							fu												
	diu	dian			ding		du		duo		dui	duan	dun						
		tian			ting		tu		tuo		tui	tuan	tun						
	niu	nian	nin	niang	ning		nu		nuo			nuan				nü	nüe		
	liu	lian	lin	liang	ling		lu		luo			luan	lun			lü	lüe		
							gu	gua	guo	guai	gui	guan	gun	guang					
							ku	kua	kuo	kuai	kui	kuan	kun	kuang					
							hu	hua	huo	huai	hui	huan	hun	huang					
	jiu	jian	jin	jiang	jing	jiong										ju	jue	juan	jun
	qiu	qian	qin	qiang	qing	qiong										qu	que	quan	qun
	xiu	xian	xin	xiang	xing	xiong										xu	xue	xuan	xun
							zhu	zhua	zhuo	zhuai	zhui	zhuan	zhun	zhuang					
							chu	chua	chuo	chuai	chui	chuan	chun	chuang					
							shu	shua	shuo	shuai	shui	shuan	shun	shuang					
							ru		ruo		rui	ruan	run						
							zu		zuo		zui	zuan	zun						
							cu		cuo		cui	cuan	cun						
							su		suo		sui	suan	sun						
	you	yan	yin	yang	ying	yong	wu	wa	wo	wai	wei	wan	wen	wang	weng	yu	yue	yuan	yun

- ▨ 부분은 한어병음 표기법 또는 발음에 주의해야 할 음절임.
- ▨ 부분의 음절은 단독으로 쓰일 때의 표기임.
- 감탄사에 나타나는 특수한 음절(ng, hm, hng 등)은 생략함.

착! 붙는
중국어
독학 첫걸음
Workbook

으로 열공했으면
제대로 된 워크북으로
제대로 복습하고
진짜 내 실력 쌓자!

저자 중국어공부기술연구소 | **판형** 4X6배판
구성 본책 + MP3 무료 다운로드

본책 다 공부했다고 끝? No No~!
한번 더 정리해줘야 진짜 끝! Yes~!

- 본책의 문장 · 단어 쓰기, 추가 확장 연습하기 모두 수록!

- 입으로만 연습? NO~! 쓰면서 학습해야 진짜 실력 UP!

- 직접 써보고 풀어보고~ 본책의 학습 내용을 제대로 복습!

첫걸음 떼고 JUMP UP

CHALLENGE
BOOK

착! 붙는 챌린지 북

HSK
1급·2급   *   Story
읽기

시사중국어사

HSK

1급 * 2급

✳ **All about HSK** ✳

● **HSK란?**

중국어 능력 시험(HSK)은 제1외국어 응시자가 중국어를 사용하여 생활, 학업 및 직장에서 의사 소통하는 능력에 중점을 둔 국제 표준화 시험입니다. 한어수평고시(汉语水平考试)의 한어병음표기(Hanyu Shuiping Kaoshi) 머리글자를 따서 'HSK'라고 합니다. 1급은 가장 쉬운 첫 번째 급수입니다.

● **HSK 1급**

01 시험 구성

HSK 1급은 총 40문항이며, 듣기와 독해 두 부분으로 나뉘어 실시됩니다.

시험 내용		문항 수		시험 시간
듣기	제1부분	5	20	약 15분
	제2부분	5		
	제3부분	5		
	제4부분	5		
듣기 영역에 대한 답안지 작성 시간				3분
독해	제1부분	5	20	17분
	제2부분	5		
	제3부분	5		
	제4부분	5		
총계	/	40		약 35분

* 총 시험 시간은 약 40분입니다. (응시생의 개인 신상 등을 적는 시간 5분이 포함되어 있습니다.)

02 문제 유형

① 듣기

제1부분	그림을 보고 청취한 내용과 일치하는지 판단하는 문제
제2부분	3개의 그림 중, 청취한 내용과 일치하는 그림을 고르는 문제
제3부분	몇 개의 그림 중, 청취한 대화 내용과 일치하는 그림을 고르는 문제
제4부분	청취 내용에 근거하여 질문에 알맞은 답을 고르는 문제

② 독해

제1부분	하나의 그림과 단어가 일치하는지 판단하는 문제
제2부분	몇 개의 그림 중, 주어진 문장의 내용과 일치하는 그림을 고르는 문제
제3부분	주어진 질문에 알맞은 답을 고르는 문제
제4부분	빈칸에 알맞은 답을 보기에서 찾는 문제

• HSK 2급

01 시험 구성

HSK 2급은 총 60문항이며, 듣기와 독해 두 부분으로 나뉘어 실시됩니다.

시험 내용		문항 수		시험 시간
듣기	제1부분	10	35	약 25분
	제2부분	10		
	제3부분	10		
	제4부분	5		
듣기 영역에 대한 답안지 작성 시간				3분
독해	제1부분	5	25	22분
	제2부분	5		
	제3부분	5		
	제4부분	10		
총계	/	60		약 50분

＊총 시험 시간은 약 55분입니다. (응시생의 개인 신상 등을 적는 시간 5분이 포함되어 있습니다.)

02 문제 유형

① 듣기

제1부분	그림을 보고 청취한 내용과 일치하는지 판단하는 문제
제2부분	몇 개의 그림 중, 청취한 대화 내용과 일치하는 그림을 고르는 문제
제3부분	두 문장 대화에 근거하여 질문에 알맞은 답을 고르는 문제
제4부분	네 문장 이상의 대화에 근거하여 질문에 알맞은 답을 고르는 문제

② 독해

제1부분	몇 개의 그림 중, 주어진 문장의 내용과 일치하는 그림을 고르는 문제
제2부분	빈칸에 알맞은 답을 보기에서 찾는 문제
제3부분	첫 번째 문장과 두번째 문장의 내용이 일치하는지 판단하는 문제
제4부분	각 문장에 알맞은 질문이나 답을 찾는 문제

• 성적

HSK 1급, 2급 모두 총점 200점이며, 듣기와 독해 점수를 합산하여 120점 이상일 시 합격입니다.
시험 성적의 유효기간은 시험 당일로부터 2년입니다.

영역	점수
듣기	100
독해	100
총점	200

차례

新汉语水平考试
HSK（一级）
模拟试题

注意

HSK（一级）分两部分：

1. 听力（12题，约10分钟）

2. 阅读（12题，约10分钟）

一、听 力

第一部分

第 1-3 题

例如：		×
1.		
2.		
3.		

第二部分

第 4-6 题

例如：	 A ✓	 B	 C
4.	 A	 B	 C
5.	 A	 B	 C
6.	 A	 B	 C

第三部分

第 7-9 题

A

B

C

D

Nǐ hǎo!
例如：女：你 好！

Nǐ hǎo! Hěn gāoxìng rènshi nǐ.
男：你 好！很 高兴 认识 你。   [D]

7.   [ ]

8.   [ ]

9.   [ ]

第四部分

第 10-12 题

Xiàwǔ wǒ qù shāngdiàn, wǒ xiǎng mǎi yìxiē shuǐguǒ.
例如: 下午 我 去 商店, 我 想 买 一些 水果。

Tā xiàwǔ qù nǎli?
问: 他 下午 去 哪里？

    shāngdiàn   yīyuàn   xuéxiào
A 商店 ✓   B 医院   C 学校

      kuài   kuài   kuài
10.   A 10 块   B 20 块   C 25 块

      dǎchē   kāichē   zuò fēijī
11.   A 打车   B 开车   C 坐 飞机

     dǎ diànhuà   kàn diànshì   kàn shū
12.   A 打 电话   B 看 电视   C 看 书

二、阅 读

第一部分

第 13-15 题

例如：		diànshì 电视	×
13.		píngguǒ 苹果	
14.		māo 猫	
15.		shuìjiào 睡觉	

第二部分

第 16-18 题

A

B

C

D

Wǒ hěn xǐhuan kàn shū.
例如：我 很 喜欢 看 书。　　　　　　　　D

Xiàyǔ le, wǒmen dǎchē huíjiā ba.
16. 下雨 了， 我们 打车 回家 吧。

Wǒ xiǎng qù shāngdiàn mǎi yí ge bēizi.
17. 我 想 去 商店 买 一 个 杯子。

Tā měitiān kāichē qù xuéxiào.
18. 她 每天 开车 去 学校。

第三部分

第 19-21 题

Nǐ hē shuǐ ma?
例如: 你 喝 水 吗? | D | Xǐhuan.
A 喜欢。

Nǐ de bàba zài nǎr gōngzuò?
19. 你 的 爸爸 在 哪儿 工作? | | Jiǔ diǎn.
B 九 点。

Nǐ xǐhuan gǒu ma?
20. 你 喜欢 狗 吗? | | Yīyuàn.
C 医院。

Nǐ jǐ diǎn shuìjiào?
21. 你 几 点 睡觉? | | Hǎo de, xièxie!
D 好 的, 谢谢!

第四部分

第 22-24 题

yìdiǎnr	méi guānxi	Hànyǔ	míngzi
A 一点儿	B 没 关系	C 汉语	D 名字

Nǐ jiào shénme
例如：你 叫 什么 （ D ）？

Tā xiǎng qù Zhōngguó xuéxí
22. 她 想 去 中国 学习 （　　　）。

Jiā li de cài dōu chī le ma?
23. 女：家 里 的 菜 都 吃 了 吗？

Méi ne, háiyǒu
男：没 呢，还有 （　　　）。

Tài duìbuqǐ le, wǒ bù néng qù le.
24. 女：太 对不起 了，我 不 能 去 了。

男：（　　　）。

1급 정답

해설 보기

一、 听力

第一部分

1. ✕　　　2. ✓　　　3. ✕

第二部分

4. A　　　5. C　　　6. B

第三部分

7. B　　　8. A　　　9. C

第四部分

10. C　　　11. B　　　12. A

二、 阅读

第一部分

13. ✓　　　14. ✕　　　15. ✓

第二部分

16. C　　　17. B　　　18. A

第三部分

19. C　　　20. A　　　21. B

第四部分

22. C　　　23. A　　　24. B

新汉语水平考试
HSK（二级）
模拟试题

注意

HSK（二级）分两部分：

1. 听力（18题，约15分钟）

2. 阅读（12题，约15分钟）

一、听 力

第一部分

문제 듣기

第 1-5 题

例如:		×
1.		
2.		
3.		
4.		
5.		

第二部分

第 6-10 题

A

B

C

D

E

F

Nǐ xǐhuan shénme yùndòng?
例如：男：你 喜欢 什么 运动？

Wǒ zuì xǐhuan tī zúqiú.
女：我 最 喜欢 踢足球。   F

6.   ☐

7.   ☐

8.   ☐

9.   ☐

10.   ☐

第三部分

第 11-15 题

例如：男：Xiǎo Wáng, zhèli yǒu jǐ ge bēizi, nǎge shì nǐ de?
小　王，这里　有　几　个　杯子，哪个　是　你　的？

女：Zuǒbiān nàge hóngsè de shì wǒ de.
左边　那个　红色　的　是　我　的。

问：Xiǎo Wáng de bēizi shì shénme yánsè de?
小　王　的　杯子　是　什么　颜色　的？

A　hóngsè　红色　✓　　　B　hēisè　黑色　　　C　báisè　白色

11.　A　yīntiān　阴天　　　B　xiàyǔ　下雨　　　C　qíngtiān　晴天

12.　A　sān kuài qián　三块钱　　　B　shí kuài qián　十块钱　　　C　sì kuài qián　四块钱

13.　A　xīngqīliù shàngwǔ　星期六　上午　　　B　xīngqīliù xiàwǔ　星期六　下午　　　C　xīngqīrì shàngwǔ　星期日　上午

14.　A　jiā li　家里　　　B　fàndiàn　饭店　　　C　péngyou jiā　朋友　家

15.　A　diànnǎo　电脑　　　B　diànshì　电视　　　C　shǒujī　手机

第四部分

第 16-18 题

Qǐng zài zhèr xiě nín de míngzi.
例如：男：请 在 这儿 写 您 的 名字。

Shì zhèr ma?
女：是 这儿 吗？

Bú shì, shì zhèr.
男：不 是， 是 这儿。

Hǎo, xièxie.
女：好， 谢谢。

Nǚde yào xiě shénme?
问：女的 要 写 什么？

	míngzi		shíjiān		fángjiān hào
A	名字	✓	B	时间	C 房间 号

16.
	hěn hǎo		bú tài hǎo		huì yìdiǎnr
A	很 好	B	不 太 好	C	会 一点儿

17.
	èrshíwǔ fēnzhōng		shí fēnzhōng		èrshí fēnzhōng
A	二十五 分钟	B	十 分钟	C	二十 分钟

18.
	shāngdiàn		fàndiàn		cháguǎn
A	商店	B	饭店	C	茶馆

二、阅 读

第一部分

第 19-21 题

A

B

C

D

Měi ge xīngqīliù, wǒ dōu qù dǎ lánqiú.
例如: 每 个 星期六, 我 都 去 打 篮球。 　　　　D

Tā hé tóngxué yìqǐ qù Zhōngguó lǚyóu le, xià xīngqīsān huílái.
19. 他 和 同学 一起 去 中国 旅游 了, 下 星期三 回来。 　　　□

Wǒ gěi nǐ jièshào yíxià, zhè shì wǒ de qīzi.
20. 我 给 你 介绍 一下, 这 是 我 的 妻子。 　　　□

Tā měitiān zǎoshang pǎobù.
21. 她 每天 早上 跑步。 　　　□

第二部分

第 22-24 题

zhèngzài   yìqǐ   guì   xiàmiàn
A 正在   B 一起   C 贵   D 下面

Zhèr   de yángròu hěn hǎochī,   dànshì   yě hěn

例如：这儿 的 羊肉 很 好吃，但是 也 很 （ C ）。

22.

Gōngsī hòumiàn de shāngdiàn li   yǒu hěn duō hǎochī de shuǐguǒ,

公司 后面 的 商店 里 有 很 多 好吃 的 水果，

wǒmen   qù mǎi yìxiē ba.

我们（   ）去 买 一些 吧。

23.

Māma cóng jiā li chūqù de shíhou, wǒ   kàn diànshì ne.

妈妈 从 家 里 出去 的 时候，我（   ）看 电视 呢。

24.

Nǐ kànjiàn wǒ de xiǎomāo le ma?

女：你 看见 我 的 小猫 了 吗？

Tā zài nǐ fángjiān de zhuōzi   shuìjiào ne.

男：它 在 你 房间 的 桌子（   ）睡觉 呢。

第三部分

第 25-27 题

例如：
Xiànzài shì diǎn fēn, tāmen yǐjīng yóu le fēnzhōng le.
现在 是 11 点 30 分, 他们 已经 游 了 20 分钟 了。

Tāmen diǎn fēn kāishǐ yóuyǒng.
★ 他们 11 点 10 分 开始 游泳。 (√)

Wǒ huì tiàowǔ, dàn tiào de bù zěnmeyàng.
我 会 跳舞, 但 跳 得 不 怎么样。

Wǒ tiào de fēicháng hǎo.
★ 我 跳 得 非常 好。 (×)

25.
Huǒchēzhàn de zuǒbiān yǒu yí ge kāfēiguǎn, kāfēiguǎn de qiánmiàn shì yí ge
火车站 的 左边 有 一 个 咖啡馆, 咖啡馆 的 前面 是 一 个
gōnggòng qìchē zhàn, zài nàr zuò chē kěyǐ dào xuéxiào.
公共汽车 站, 在 那儿 坐 车 可以 到 学校。

Xuéxiào zài kāfēiguǎn de zuǒbiān.
★ 学校 在 咖啡馆 的 左边。 ( )

26.
Shàng xīngqī, wǒ de péngyou zhǎo le yí ge xīn fángzi. Nàli lí
上 星期, 我 的 朋友 找 了 一 个 新 房子。 那里 离
tā de gōngsī hěn jìn, zǒu zhe qù shàngbān zhǐ yào shíwǔ fēnzhōng.
他 的 公司 很 近, 走 着 去 上班 只 要 十五 分钟。

Péngyou zhǎo le yí ge xīn gōngsī.
★ 朋友 找 了 一 个 新 公司。 ( )

27.
Dìdi xǐhuan xiǎomāo, dànshì wǒ hé jiějie dōu bù xǐhuan, suǒyǐ
弟弟 喜欢 小猫, 但是 我 和 姐姐 都 不 喜欢, 所以
wǒmen jiā dào xiànzài yě méiyǒu xiǎomāo.
我们 家 到 现在 也 没有 小猫。

Wǒ bù xǐhuan xiǎomāo.
★ 我 不 喜欢 小猫。 ( )

第四部分

第 28-30 题

A
Búyòng kèqi, duō chī yìdiǎnr ba.
不用 客气，多 吃 一点儿 吧。

B
Wǒ xiǎng gěi māma mǎi yí ge shǒujī, qù nǎr mǎi hǎo ne?
我 想 给 妈妈 买 一 个 手机，去 哪儿 买 好 呢？

C
Xīn gōngsī de gōngzuò zěnmeyàng? Fēicháng máng ma?
新 公司 的 工作 怎么样？ 非常 忙 吗？

D
Tā zài nǎr ne? Nǐ kànjiàn tā le ma?
她 在 哪儿 呢？ 你 看见 他 了 吗？

例如：
Tā hái zài jiàoshì li xuéxí.
她 还 在 教室 里 学习。 **D**

28.
Nǐ xiǎng mǎi shénmeyàng de? Guì yìdiǎnr de háishi piányi yìdiǎnr de?
你 想 买 什么样 的？ 贵 一点儿 的 还是 便宜 一点儿 的？ ☐

29.
Nín zuò le zhème duō cài, zhēnshi tài xièxie nín le.
您 做 了 这么 多 菜，真是 太 谢谢 您 了。 ☐

30.
Bú tài máng yě bú tài lèi, suǒyǐ měitiān dōu yǒu shíjiān yùndòng.
不 太 忙 也 不 太 累，所以 每天 都 有 时间 运动。 ☐

2급 정답

해설 보기

一、 听力

第一部分

1. ✓   2. ×   3. ✓   4. ×   5. ✓

第二部分

6. C   7. A   8. B   9. E   10. D

第三部分

11. A   12. B   13. C   14. B   15. C

第四部分

16. A   17. C   18. B

二、 阅读

第一部分

19. C   20. B   21. A

第二部分

22. B   23. A   24. D

第三部分

25. ×   26. ×   27. ✓

第四部分

28. B   29. A   30. C

Story

읽기

✳ 스토리 읽기 소개

〈챌린지 북〉의 두 번째 도전 — 스토리 읽기는 교재에 나오는 문법과 문형을 익히면 충분히 읽을 수 있도록 구성하였습니다. 또한, 이전에 배웠던 표현을 떠올리며 복습하고, 새로운 단어와 문형을 통해 더 확장하여 학습하면서 실력을 향상시킬 수 있습니다. 중국어 초급 학습자들이 여기에 수록된 10개 에피소드를 완독한다면 긴 글 읽기와 좀 더 친숙해지고, 중국어 학습의 성취감과 자신감을 느낄 수 있을 것입니다.

✳ 내용 구성

스토리 & 원어민 음성QR & 단어

지문을 소리내어 읽어 보세요.
QR코드를 스캔하여 원어민 음성을 듣고
따라읽으며 학습할 수 있습니다.

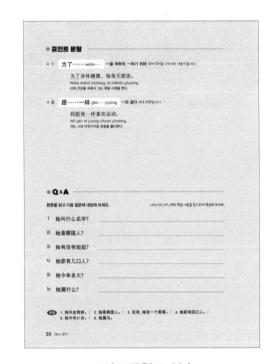

포인트 문형 & 복습

교재에서 학습했던 주요 표현을
복습할 수 있으며, 새로운 표현을 예문과 함께
확장하여 학습할 수 있습니다.

차례

01

自我介绍 – "我叫金秀妍。"

我简单地自我介绍。
Wǒ jiǎndān de zìwǒ jièshào.

大家好，我叫金秀妍。今年21岁，属马，我是韩国人。
Dàjiā hǎo, wǒ jiào Jīn Xiùyán. Jīnnián èrshíyī suì, shǔ mǎ, wǒ shì Hánguórén.

我家一共有四口人，爸爸、妈妈、哥哥和我。
Wǒ jiā yígòng yǒu sì kǒu rén, bàba、māma、gēge hé wǒ.

我爸爸是公司职员，妈妈是小学老师，哥哥正在找工作。
Wǒ bàba shì gōngsī zhíyuán, māma shì xiǎoxué lǎoshī, gēge zhèngzài zhǎo gōngzuò.

단어

简单 jiǎndān 간단하다	**公司职员** gōngsī zhíyuán 회사원
自我介绍 zìwǒ jièshào 자기소개	**小学** xiǎoxué 초등학교

我现在上大学二年级，学习中文专业。
Wǒ xiànzài shàng dàxué èr niánjí, xuéxí Zhōngwén zhuānyè.

为了◆1学好中文，我来北京学习、生活。
Wèile xué hǎo Zhōngwén, wǒ lái Běijīng xuéxí、shēnghuó.

在这里我认识了两个好朋友，小帅和瑞英。
Zài zhèli wǒ rènshi le liǎng ge hǎo péngyou, Xiǎoshuài hé Ruìyīng.

小帅是中国人，他学习韩语。
Xiǎoshuài shì Zhōngguórén, tā xuéxí Hányǔ.

瑞英是韩国人，她跟我一样◆2学习汉语。
Ruìyīng shì Hánguórén, tā gēn wǒ yíyàng xuéxí Hànyǔ.

我希望和他们一起度过快乐的北京生活。
Wǒ xīwàng hé tāmen yìqǐ dùguò kuàilè de Běijīng shēnghuó.

단어

中文专业 zhōngwén zhuānyè　중국어 전공		一样 yíyàng　같다, 똑같다	
为了 wèile　~을 위하여, ~하기 위하여		希望 xīwàng　희망하다	
生活 shēnghuó　생활(하다)		度过 dùguò　보내다, 지내다	
韩语 Hányǔ　한국어			

✳ 포인트 문형

◆ 1   为了⋯⋯ wèile⋯⋯   ~을 위하여, ~하기 위해 (뒤에 목적을 나타내는 내용이 옵니다.)

为了身体健康，他每天游泳。
Wèile shēntǐ jiànkāng, tā měitiān yóuyǒng.
신체 건강을 위해서 그는 매일 수영을 한다.

◆ 2   跟⋯⋯一样 gēn⋯⋯yíyàng   ~와 같다 (비교 표현입니다.)

我跟他一样喜欢运动。
Wǒ gēn tā yíyàng xǐhuan yùndòng.
저는 그와 마찬가지로 운동을 좋아한다.

✳ Q&A

본문을 읽고 다음 질문에 대답해 보세요.   Unit 04, 07, 08의 학습 내용을 참고하여 복습해 보세요!

1   她叫什么名字? _____

2   她是哪国人? _____

3   她有没有姐姐? _____

4   她家有几口人? _____

5   她今年多大? _____

6   她属什么? _____

정답   1. 她叫金秀妍。 /   2. 她是韩国人。 /   3. 没有, 她有一个哥哥。 /   4. 她家有四口人。 /
5. 她今年21岁。 /   6. 她属马。

02

点菜 – "我们点了拿手菜。"

我、瑞英和小帅好久没见，我们一起去吃饭。
Wǒ、Ruìyīng hé Xiǎoshuài hǎojiǔ méi jiàn, wǒmen yìqǐ qù chīfàn.

这个假期终于结束了。
Zhège jiàqī zhōngyú jiéshù le.

我跟小帅约好^{◆1}了一起去中国饭店吃饭。那个饭店离学校不太远。
Wǒ gēn Xiǎoshuài yuē hǎo le yìqǐ qù Zhōngguó fàndiàn chīfàn. Nàge fàndiàn lí xuéxiào bú tài yuǎn.

我们在去饭店的路上^{◆2}遇到了瑞英，所以就一起去了。
Wǒmen zài qù fàndiàn de lù shàng yùdào le Ruìyīng, suǒyǐ jiù yìqǐ qù le.

到了饭店，我们都很饿，马上点了几个拿手菜和三个饮料。
Dào le fàndiàn, wǒmen dōu hěn è, mǎshàng diǎn le jǐ ge náshǒucài hé sān ge yǐnliào.

단어

假期 jiàqī 방학, 휴가	遇到 yùdào 만나다, 마주치다
终于 zhōngyú 마침내	所以 suǒyǐ 그래서
结束 jiéshù 끝나다, 마치다	马上 mǎshàng 곧, 즉, 바로

一会儿，菜就都上齐了。
Yíhuìr, cài jiù dōu shàng qí le.

我们边吃饭边⁺³说了各自假期里发生的事情。
Wǒmen biān chīfàn biān shuō le gèzì jiàqī li fāshēng de shìqing.

我们点的菜都非常好吃，对饭店的服务也很满意⁺⁴。
Wǒmen diǎn de cài dōu fēicháng hǎochī, duì fàndiàn de fúwù yě hěn mǎnyì.

我们还约好了下次再来。
Wǒmen hái yuē hǎo le xiàcì zài lái.

단어

边…边… biān…biān… ~하면서 ~하다	事情 shìqing 일
各自 gèzì 각자	服务 fúwù 서비스
发生 fāshēng 발생하다	满意 mǎnyì 만족하다

◆ 1 **跟……约好** gēn……yuē hǎo ～와 약속하다

我跟朋友约好了一起回家。
Wǒ gēn péngyou yuē hǎo le yìqǐ huíjiā.
나는 친구와 함께 집에 가기로 약속했다.

◆ 2 **去……的路上** qù……de lù shàng ～가는 길에

去图书馆的路上看见了同学。
Qù túshūguǎn de lù shàng kànjiàn le tóngxué.
도서관 가는 길에 동창을 봤다.

◆ 3 **(一)边……(一)边……** (yì)biān……(yì)biān…… ～하면서 ～하다 (동시 동작 표현입니다.)

因为他没有时间，所以边走边吃。
Yīnwèi tā méiyǒu shíjiān, suǒyǐ biān zǒu biān chī.
그는 시간이 없기 때문에 걸으면서 먹는다.

◆ 4 **对……满意** duì……mǎnyì ～에 만족하다

她对价格很满意。
Tā duì jiàgé hěn mǎnyì.
그녀는 가격에 매우 만족한다.

✻ **Q & A**

본문을 읽고 다음 질문에 대답해 보세요. Unit 02의 학습 내용을 참고하여 복습해 보세요!

1 他们现在饿吗? _____

2 饭店离学校远不远? _____

정답 1. 他们很饿。 / 2. 饭店离学校不太远。

03

爱好 – "我喜欢看电影。"

我和小帅聊爱好。
Wǒ hé Xiǎoshuài liáo àihào.

昨天我<u>跟</u>小帅聊了我们的爱好。
Zuótiān wǒ gēn Xiǎoshuài liáo le wǒmen de àihào.

小帅说他喜欢运动、读书和旅行。
Xiǎoshuài shuō tā xǐhuan yùndòng、dúshū hé lǚxíng.

特别是读书，<u>只要</u>有时间他<u>就</u>⁺²会去图书馆<u>或者</u>⁺³书店。
Tèbié shì dúshū, zhǐyào yǒu shíjiān tā jiù huì qù túshūguǎn huòzhě shūdiàn.

他最喜欢的类型是漫画书和科幻小说。
Tā zuì xǐhuan de lèixíng shì mànhuàshū hé kēhuàn xiǎoshuō.

> **단어**

聊 liáo 이야기를 나누다	或者 huòzhě 혹은, 또는
爱好 àihào 취미	类型 lèixíng 장르, 유형
读书 dúshū 독서(하다)	漫画书 mànhuàshū 만화책
只要 zhǐyào ～하기만 하면	科幻小说 kēhuàn xiǎoshuō SF소설

我喜欢看电影和听音乐。

Wǒ xǐhuan kàn diànyǐng hé tīng yīnyuè.

来中国以后，周末我经常和朋友一起去看电影。

Lái Zhōngguó yǐhòu, zhōumò wǒ jīngcháng hé péngyou yìqǐ qù kàn diànyǐng.

我看了很多中国电影，都非常有意思。

Wǒ kàn le hěn duō Zhōngguó diànyǐng, dōu fēicháng yǒu yìsi.

我平时还喜欢听音乐。

Wǒ píngshí hái xǐhuan tīng yīnyuè.

散步的时候，运动的时候，喝咖啡的时候，我都会听音乐。

Sànbù de shíhou, yùndòng de shíhou, hē kāfēi de shíhou, wǒ dōu huì tīng yīnyuè.

단어

平时 píngshí 평소

散步 sànbù 산책하다

✱ 포인트 문형 ──────────────

◆ 1 跟······聊······ gēn······liáo······ ~와 ~에 대해 이야기하다

我跟朋友聊了那个电影。
Wǒ gēn péngyou liáo le nàge diànyǐng.
나는 친구와 그 영화에 대해 이야기를 했다.

◆ 2 只要······就······ zhǐyào······jiù······ 만약 ~라면 (조건관계 접속사입니다.)

只要明天不忙，我就去你家。
Zhǐyào míngtiān bù máng, wǒ jiù qù nǐ jiā.
내일 바쁘지 않으면, 내가 너희 집으로 갈게.

◆ 3 A 或者 B A huòzhě B A 또는 B, A하거나 B하거나 (평서문에서 선택관계를 나타냅니다.)

我想喝热茶或者喝咖啡。
Wǒ xiǎng hē rè chá huòzhě hē kāfēi.
나는 따뜻한 차나 커피를 마시고 싶다.

✱ Q & A ──────────────

본문을 읽고 다음 질문에 대답해 보세요.   Unit 05의 학습 내용을 참고하여 복습해 보세요!

1 小帅喜欢做什么? _____

2 秀妍喜欢做什么? _____

정답 1. 他喜欢运动、读书和旅行。 / 2. 她喜欢看电影和听音乐。

04

约定 – "明天在学校门口见吧。"

我在学校咖啡厅学习时，遇到了瑞英。
Wǒ zài xuéxiào kāfēitīng xuéxí shí, yùdào le Ruìyīng.

今天上午只有两节课，所以不太忙。
Jīntiān shàngwǔ zhǐ yǒu liǎng jié kè, suǒyǐ bú tài máng.

上午10点去上课，12点就下课了。
Shàngwǔ shí diǎn qù shàngkè, shí'èr diǎn jiù xiàkè le.

下课以后，我去学校咖啡厅学习了。
Xiàkè yǐhòu, wǒ qù xuéxiào kāfēitīng xuéxí le.

在看书的时候遇到了瑞英。
Zài kàn shū de shíhou yùdào le Ruìyīng.

 단어

门口 ménkǒu 문 앞, 입구	两节课 liǎng jié kè 두 시간 수업

我们聊了一会儿，瑞英问我这个星期六有没有时间，
Wǒmen liáo le yíhuìr, Ruìyīng wèn wǒ zhège xīngqīliù yǒu méiyǒu shíjiān,

想跟我一起去逛街买东西。
xiǎng gēn wǒ yìqǐ qù guàngjiē mǎi dōngxi.

正好◆1 我也想去看看新出的智能手机。
Zhènghǎo wǒ yě xiǎng qù kànkan xīn chū de zhìnéng shǒujī.

因为现在的手机用了很久，电池经常没电，
Yīnwèi xiànzài de shǒujī yòng le hěn jiǔ, diànchí jīngcháng méi diàn,

所以想换一个新的。
suǒyǐ xiǎng huàn yí ge xīn de.

就这样，我们决定明天在学校门口见，
Jiù zhèyàng, wǒmen juédìng míngtiān zài xuéxiào ménkǒu jiàn,

然后一起去西单逛街买东西。
ránhòu yìqǐ qù Xīdān guàngjiē mǎi dōngxi.

听说◆2 西单那边是"年轻人的购物天堂"。
Tīngshuō Xīdān nàbiān shì "Niánqīngrén de gòuwù tiāntáng".

단어

逛街 guàngjiē 쇼핑하다, 거리를 돌아다니다	决定 juédìng 결정하다
正好 zhènghǎo 마침	听说 tīngshuō 듣기로는
新出 xīn chū 새로 나오다	年轻人 niánqīngrén 젊은이, 젊은 사람
电池 diànchí 건전지, 배터리	购物天堂 gòuwù tiāntáng 쇼핑 천국
没电 méi diàn 배터리가 없다, 전원이 나가다	

✱ 포인트 문형

◆ 1 | 正好 zhènghǎo | 마침

正好我要出门。
Zhènghǎo wǒ yào chūmén.
마침 나는 외출하려고 했다.

爸爸明天正好休息。
Bàba míngtiān zhènghǎo xiūxi.
아버지는 내일 마침 쉬신다.

◆ 2 | 听说…… tīngshuō…… | 듣기로 ~라고 한다

我听说明天上午有考试。
Wǒ tīngshuō míngtiān shàngwǔ yǒu kǎoshì.
나는 내일 오전에 시험이 있다고 들었다.

听说她找了新工作。
Tīngshuō tā zhǎo le xīn gōngzuò.
듣자 하니 그녀는 새 직장을 구했다고 한다.

✱ Q&A

본문을 읽고 다음 질문에 대답해 보세요.   Unit 06, 09, 11의 학습 내용을 참고하여 복습해 보세요!

1 秀妍几点下课? _____

2 秀妍的智能手机怎么样? _____

3 他们在哪儿见? _____

정답 1. 她12点下课。 / 2. 她的智能手机电池经常没电。 / 3. 他们在学校门口见。

逛街 – "她买了一双运动鞋。"

我跟瑞英一起去西单逛街。
Wǒ gēn Ruìyīng yìqǐ qù Xīdān guàngjiē.

星期六下午我跟瑞英在学校门口见面了。
Xīngqīliù xiàwǔ wǒ gēn Ruìyīng zài xuéxiào ménkǒu jiànmiàn le.

因为我们都不知道怎么去西单，所以<u>向</u>一个中国学生<u>问了路</u>[*1]。
Yīnwèi wǒmen dōu bù zhīdào zěnme qù Xīdān, suǒyǐ xiàng yí ge Zhōngguó xuésheng wèn le lù.

他说往前走，过马路就能看到车站，
Tā shuō wǎng qián zǒu, guò mǎlù jiù néng kàn dào chēzhàn,

坐303路40分钟就到。
zuò sān líng sān lù sìshí fēnzhōng jiù dào.

단어

见面 jiànmiàn 만나다	问路 wèn lù 길을 묻다

我们坐车到了西单以后，
Wǒmen zuò chē dào le Xīdān yǐhòu,

先去了一个购物中心三楼的运动产品卖场，
xiān qù le yí ge gòuwù zhōngxīn sān lóu de yùndòng chǎnpǐn màichǎng,

瑞英花三百元买了一双运动鞋。
Ruìyīng huā sānbǎi yuán mǎi le yì shuāng yùndòngxié.

接着我们去了五楼的电子产品卖场。
Jiēzhe wǒmen qù le wǔ lóu de diànzǐ chǎnpǐn màichǎng.

在那儿看到了新款的智能手机，种类非常多，我不知道买哪款好。
Zài nàr kàn dào le xīnkuǎn de zhìnéng shǒujī, zhǒnglèi fēicháng duō, wǒ bù zhīdào mǎi nǎ kuǎn hǎo.

所以我决定再想一想，下次再买。
Suǒyǐ wǒ juédìng zài xiǎng yi xiǎng, xiàcì zài mǎi.

最后*2我们去了七楼的美食街，那里有各种各样好吃的东西。
Zuìhòu wǒmen qù le qī lóu de měishíjiē, nàli yǒu gèzhǒng-gèyàng hǎochī de dōngxi.

我们选了最喜欢的中国菜——火锅。
Wǒmen xuǎn le zuì xǐhuan de Zhōngguó cài——huǒguō.

단어

购物中心 gòuwù zhōngxīn 쇼핑센터		新款 xīnkuǎn 새로운 스타일, 새로운 디자인	
楼 lóu 층		种类 zhǒnglèi 종류	
产品 chǎnpǐn 제품		最后 zuìhòu 마지막	
卖场 màichǎng 매장		美食街 měishíjiē 먹자골목, 식당가	
电子 diànzǐ 전자		各种各样 gèzhǒng-gèyàng 각양각색, 여러 종류	

✳ 포인트 문형

◆ 1 向……问路 xiàng……wèn lù   ~에게 길을 묻다

他向老师问了路。
Tā xiàng lǎoshī wèn le lù.
그는 선생님께 길을 물었다.

他向前面的学生问了路。
Tā xiàng qiánmiàn de xuésheng wèn le lù.
그는 앞에 있는 학생에게 길을 물었다.

◆ 2 先……，接着……，最后…… xiān……, jiēzhe……, zuìhòu……

먼저~, 이어서~, 마지막~ (순서를 나타냅니다.)

我们先买了电影票，接着买了饮料，最后进去看了电影。
Wǒmen xiān mǎi le diànyǐngpiào, jiēzhe mǎi le yǐnliào, zuìhòu jìnqù kàn le diànyǐng.
우리는 먼저 영화표를 샀고, 이어서 음료수를 샀으며, 마지막에는 영화를 보러 들어갔다.

我到家以后，先洗了手，接着换了衣服，最后开始准备晚饭。
Wǒ dào jiā yǐhòu, xiān xǐ le shǒu, jiēzhe huàn le yīfu, zuìhòu kāishǐ zhǔnbèi wǎnfàn.
나는 집에 도착해서 먼저 손을 씻고, 이어서 옷을 갈아입고, 마지막으로 저녁 준비를 시작했다.

✳ Q & A

본문을 읽고 다음 질문에 대답해 보세요.   Unit 10, 12, 14의 학습 내용을 참고하여 복습해 보세요!

1 车站怎么走? _____

2 运动鞋多少钱? _____

3 他们最喜欢吃什么? _____

정답 1. 往前走, 过马路就到。 / 2. 三百块。 / 3. 他们最喜欢吃火锅。

06

季节 - "北京冬天很冷。"

我对比北京和首尔的天气、季节。
Wǒ duìbǐ Běijīng hé Shǒu'ěr de tiānqì、jìjié.

冬天了，天气<u>越来越</u>◆1冷了。
Dōngtiān le, tiānqì yuèláiyuè lěng le.

北京和首尔的冬天都很冷，风也很大。
Běijīng hé Shǒu'ěr de dōngtiān dōu hěn lěng, fēng yě hěn dà.

下雪的时候一定要穿厚的衣服，戴好手套、围巾和帽子。
Xiàxuě de shíhou yídìng yào chuān hòu de yīfu, dài hǎo shǒutào、wéijīn hé màozi.

到了春天，北京和首尔的天气都会变暖，五颜六色的花也都开了，
Dào le chūntiān, Běijīng hé Shǒu'ěr de tiānqì dōu huì biàn nuǎn, wǔyán-liùsè de huā yě dōu kāi le,

但同时也有沙尘暴。
dàn tóngshí yě yǒu shāchénbào.

단어

对比 duìbǐ	대비하다, 비교하다	围巾 wéijīn	목도리, 스카프
季节 jìjié	계절	春天 chūntiān	봄
越来越 yuèláiyuè	점점, 더욱더	变 biàn	변하다
一定 yídìng	반드시	五颜六色 wǔyán-liùsè	알록달록하다
厚 hòu	두껍다	沙尘暴 shāchénbào	황사, 모래바람
戴 dài	착용하다, 쓰다		

夏天，北京跟首尔的气温差不多[2]。
Xiàtiān, Běijīng gēn Shǒu'ěr de qìwēn chàbuduō.

但是体感上，北京的太阳离人们很近，就会感觉更热。
Dànshì tǐgǎn shàng, Běijīng de tàiyáng lí rénmen hěn jìn, jiù huì gǎnjué gèng rè.

首尔就不会有这种感觉。
Shǒu'ěr jiù bú huì yǒu zhèzhǒng gǎnjué.

首尔夏天有梅雨季节。
Shǒu'ěr xiàtiān yǒu méiyǔ jìjié.

一到了这个时期，下很长时间的雨，非常潮湿。
Yí dào le zhège shíqī, xià hěn cháng shíjiān de yǔ, fēicháng cháoshī.

相反[3]，北京夏天没有梅雨季节，不会那么潮湿。
Xiāngfǎn, Běijīng xiàtiān méiyǒu méiyǔ jìjié, bú huì nàme cháoshī.

我想秋天应该是这两个城市最好的季节。
Wǒ xiǎng qiūtiān yīnggāi shì zhè liǎng ge chéngshì zuì hǎo de jìjié.

天气不冷也不热，非常适合旅游。
Tiānqì bù lěng yě bú rè, fēicháng shìhé lǚyóu.

我希望在韩国的家人和朋友也来看一下北京的秋天。
Wǒ xīwàng zài Hánguó de jiārén hé péngyou yě lái kàn yíxià Běijīng de qiūtiān.

단어

差不多 chàbuduō 거의 비슷하다	时期 shíqī 시기
体感 tǐgǎn 체감	潮湿 cháoshī 습하다
太阳 tàiyáng 태양	相反 xiāngfǎn 반대로
感觉 gǎnjué 느끼다, 느낌	秋天 qiūtiān 가을
更 gèng 더욱	应该 yīnggāi 응당 ~할 것이다
梅雨季节 méiyǔ jìjié 장마철	城市 chéngshì 도시
一到 yí dào ~이 되면, ~가 되면	适合 shìhé 적합하다

✳ 포인트 문형

♦ 1 **越来越** yuèláiyuè 점점, 더욱더

声音越来越大了。
Shēngyīn yuèláiyuè dà le.
목소리가 점점 커졌다.

♦ 2 **跟······差不多** gēn······chàbuduō ~와 비슷하다 (비교 표현입니다.)

我的个子跟他差不多。
Wǒ de gèzi gēn tā chàbuduō.
나의 키는 그와 비슷하다.

♦ 3 **相反** xiāngfǎn 반대로

我很喜欢去外面。相反，他很喜欢在家。
Wǒ hěn xǐhuan qù wàimiàn. Xiāngfǎn, tā hěn xǐhuan zài jiā.
나는 밖에 나가는 것을 매우 좋아한다. 반대로, 그는 집에 있는 것을 좋아한다.

✳ Q&A

본문을 읽고 다음 질문에 대답해 보세요.   Unit 13의 학습 내용을 참고하여 복습해 보세요!

1 北京冬天冷吗? _____

2 首尔春天暖和吗? _____

정답 1. 北京冬天很冷，风很大。 / 2. 首尔春天很暖和。

07

就业 – "**哥哥在找工作。**"

我哥哥正在找工作，压力很大。
Wǒ gēge zhèngzài zhǎo gōngzuò, yālì hěn dà.

哥哥的生日是五月八号，星期六。我想送他一个生日礼物。
Gēge de shēngrì shì wǔ yuè bā hào, xīngqīliù. Wǒ xiǎng sòng tā yí ge shēngrì lǐwù.

上次跟瑞英一起去西单逛街的时候，看到了新款的无线耳机，
Shàngcì gēn Ruìyīng yìqǐ qù Xīdān guàngjiē de shíhou, kàn dào le xīnkuǎn de wúxiàn ěrjī,

非常实用，哥哥应该会喜欢。
fēicháng shíyòng, gēge yīnggāi huì xǐhuan.

希望哥哥带着无线耳机听着自己喜欢的歌曲，能够少一些压力。
Xīwàng gēge dài zhe wúxiàn ěrjī tīng zhe zìjǐ xǐhuan de gēqǔ, nénggòu shǎo yìxiē yālì.

哥哥大学毕业以后，一直在找工作，所以压力很大。
Gēge dàxué bìyè yǐhòu, yìzhí zài zhǎo gōngzuò, suǒyǐ yālì hěn dà.

단어

无线 wúxiàn 무선(의)	能够 nénggòu ~할 수 있다
歌曲 gēqǔ 노래	

他上大学的时候，学了酒店经营专业。
Tā shàng dàxué de shíhou, xué le jiǔdiàn jīngyíng zhuānyè.

他想在国际高级酒店工作。
Tā xiǎng zài guójì gāojí jiǔdiàn gōngzuò.

为了在酒店工作，英语必须好。所以哥哥现在正在努力地学习英语。
Wèile zài jiǔdiàn gōngzuò, Yīngyǔ bìxū hǎo. Suǒyǐ gēge xiànzài zhèngzài nǔlì de xuéxí Yīngyǔ.

从小的时候，爸爸就经常对我们说[1]应该选择自己喜欢的职业，
Cóng xiǎo de shíhou, bàba jiù jīngcháng duì wǒmen shuō yīnggāi xuǎnzé zìjǐ xǐhuan de zhíyè,

这样工作起来不会觉得累。
zhèyàng gōngzuò qǐlái bú huì juéde lèi.

爸爸在哥哥找工作的过程中[2]，给了他很多有帮助的建议。
Bàba zài gēge zhǎo gōngzuò de guòchéng zhōng, gěi le tā hěn duō yǒu bāngzhù de jiànyì.

我相信[3]哥哥一定会找到好工作。
Wǒ xiāngxìn gēge yídìng huì zhǎo dào hǎo gōngzuò.

단어

酒店经营 jiǔdiàn jīngyíng 호텔 경영		职业 zhíyè 직업	
国际 guójì 국제, 글로벌		过程 guòchéng 과정	
高级 gāojí 고급, 고급의		帮助 bāngzhù 도움, 돕다	
必须 bìxū 반드시		建议 jiànyì 건의	
选择 xuǎnzé 선택하다		相信 xiāngxìn 믿다	

✴ 포인트 문형

◆ 1 对……说 duì……shuō ~에게 말하다

老师对我们说要好好儿学习。
Lǎoshī duì wǒmen shuō yào hǎohāor xuéxí.
선생님께서 우리에게 공부를 열심히 하라고 말씀하셨다.

◆ 2 在……的过程中 zài……de guòchéng zhōng ~하는 과정에서

他在找工作的过程中，认识了女朋友。
Tā zài zhǎo gōngzuò de guòchéng zhōng, rènshi le nǚpéngyou.
그는 직장을 구하는 과정에서 여자 친구를 알게 되었다.

◆ 3 相信…… xiāngxìn…… ~라 믿다, ~을 확신하다

我相信你一定会考上大学。
Wǒ xiāngxìn nǐ yídìng huì kǎo shàng dàxué.
나는 네가 반드시 대학에 합격하리라 믿는다.

✴ Q&A

본문을 읽고 다음 질문에 대답해 보세요. Unit 10의 학습 내용을 참고하여 복습해 보세요!

1 哥哥的生日是几月几号? _____

2 哥哥的生日是星期一吗? _____

정답 1. 他的生日是五月八号 。 / 2. 他的生日不是星期一，是星期六。

旅行 − "他们正在巴厘岛旅行。"

我父母正在巴厘岛旅行。
Wǒ fùmǔ zhèngzài Bālídǎo lǚxíng.

昨天我给父母打电话的时候，他们<u>不在首尔</u>，<u>而是</u>[1]在巴厘岛。
Zuótiān wǒ gěi fùmǔ dǎ diànhuà de shíhou, tāmen bú zài Shǒu'ěr, érshì zài Bālídǎo.

原来前几天是他们的结婚纪念日，所以他们决定去巴厘岛旅行。
Yuánlái qián jǐ tiān shì tāmen de jiéhūn jìniànrì, suǒyǐ tāmen juédìng qù Bālídǎo lǚxíng.

他们坐了7个小时飞机到了巴厘岛以后，租了一辆车。
Tāmen zuò le qī ge xiǎoshí fēijī dào le Bālídǎo yǐhòu, zū le yí liàng chē.

在开车去酒店的路上，妈妈有一会儿没找到路，
Zài kāichē qù jiǔdiàn de lù shàng, māma yǒu yíhuìr méi zhǎo dào lù,

并且不小心<u>把</u>[2]车撞坏了一点点，但是没有什么大问题。
bìngqiě bù xiǎoxīn bǎ chē zhuàng huài le yìdiǎndiǎn, dànshì méiyǒu shénme dà wèntí.

> **단어**

巴厘岛 Bālídǎo	발리 섬	租 zū	빌리다, 빌려주다
父母 fùmǔ	부모	并且 bìngqiě	또한, 그리고
纪念日 jìniànrì	기념일	把 bǎ	~을(를)

他们幸好安全到达了酒店。

Tāmen xìnghǎo ānquán dàodá le jiǔdiàn.

他们计划在巴厘岛吃美食、游泳、购物。

Tāmen jìhuà zài Bālídǎo chī měishí、yóuyǒng、gòuwù.

他们说巴厘岛是个非常美丽的地方，给我发了在巴厘岛拍的照片。

Tāmen shuō Bālídǎo shì ge fēicháng měilì de dìfang, gěi wǒ fā le zài Bālídǎo pāi de zhàopiàn.

看了海边的照片，我也想马上去巴厘岛旅行，看看美丽的大海。

Kàn le hǎibiān de zhàopiàn, wǒ yě xiǎng mǎshàng qù Bālídǎo lǚxíng, kànkan měilì de dàhǎi.

단어

幸好 xìnghǎo	다행히	**计划** jìhuà	계획(하다)
安全 ānquán	안전(하다)	**美食** měishí	맛있는 음식
到达 dàodá	도착하다	**照片** zhàopiàn	사진

◆ 1　**不(是)……，而是……** bú(shì)……, érshì……

～이 아니고, ～이다 (전자가 아닌, 후자를 선택하는 복합문입니다.)

他们不是在学习，而是在聊天。
Tāmen búshì zài xuéxí, érshì zài liáotiān.
그들은 공부를 하는 것이 아니라, 잡담을 하고 있다.

她不是明天回国，而是下个星期天回国。
Tā búshì míngtiān huíguó, érshì xià ge xīngqītiān huíguó.
그녀는 내일 귀국하는 것이 아니라, 다음 주 일요일에 귀국한다.

◆ 2　**把** bǎ　～을(를)

我把西瓜吃了。
Wǒ bǎ xīguā chī le.
나는 수박을 먹었다.

姐姐把手机放在桌子上了。
Jiějie bǎ shǒujī fàng zài zhuōzi shàng le.
누나는 휴대폰을 책상 위에 올려 두었다.

✳ Q & A

본문을 읽고 다음 질문에 대답해 보세요.　　　　Unit 15, 16, 17의 학습 내용을 참고하여 복습해 보세요!

1　秀妍父母在首尔吗？　　_____

2　秀妍父母为什么去巴厘岛旅行？　_____

3　秀妍的妈妈会开车吗？　_____

정답　1. 他们不在首尔，在巴厘岛。 ／ 2. 前几天是他们的结婚纪念日。 ／ 3. 她会开车。

健康 – "我好像感冒了。"

我感冒了。
Wǒ gǎnmào le.

我今天没有去上课，因为我有点儿头疼、发烧，好像[1]感冒了。
Wǒ jīntiān méiyǒu qù shàngkè, yīnwèi wǒ yǒudiǎnr tóuténg、fāshāo, hǎoxiàng gǎnmào le.

瑞英知道我身体不舒服以后，她买了感冒药和水果来看我。
Ruìyīng zhīdào wǒ shēntǐ bù shūfu yǐhòu, tā mǎi le gǎnmàoyào hé shuǐguǒ lái kàn wǒ.

단어

发烧 fāshāo 열이 나다	不舒服 bù shūfu (몸이) 편치 않다
好像 hǎoxiàng 아마도	

瑞英在我家陪了我一下午。
Ruìyīng zài wǒ jiā péi le wǒ yí xiàwǔ.

不但把今天上课的内容都给我讲了一遍，而且^{◆2}帮我复习了期末考试。
Búdàn bǎ jīntiān shàngkè de nèiróng dōu gěi wǒ jiǎng le yí biàn, érqiě bāng wǒ fùxí le qīmò kǎoshì.

但是我还是^{◆3}非常担心下周的期末考试。
Dànshì wǒ háishi fēicháng dānxīn xiàzhōu de qīmò kǎoshì.

瑞英安慰我说，我平时学习很努力，所以期末考试一定没问题。
Ruìyīng ānwèi wǒ shuō, wǒ píngshí xuéxí hěn nǔlì, suǒyǐ qīmò kǎoshì yídìng méi wèntí.

有了瑞英的安慰和鼓励，我的心情好多了。
Yǒu le Ruìyīng de ānwèi hé gǔlì, wǒ de xīnqíng hǎo duō le.

星期一身体恢复了，所以去学校参加了期末考试。
Xīngqīyī shēntǐ huīfù le, suǒyǐ qù xuéxiào cānjiā le qīmò kǎoshì.

考试结束后，瑞英问我考得怎么样，我说感觉考得不错。
Kǎoshì jiéshù hòu, Ruìyīng wèn wǒ kǎo de zěnmeyàng, wǒ shuō gǎnjué kǎo de búcuò.

瑞英开玩笑得说："你总是比别人考得好。"
Ruìyīng kāi wánxiào de shuō："Nǐ zǒngshì bǐ biérén kǎo de hǎo."

我也开玩笑得回答："因为我是天才嘛！"
Wǒ yě kāi wánxiào de huídá："Yīnwèi wǒ shì tiāncái ma!"

我们同时大笑起来。
Wǒmen tóngshí dàxiào qǐlái.

단어

不但 búdàn	~뿐만 아니라	鼓励 gǔlì	격려하다
内容 nèiróng	내용	心情 xīnqíng	기분
讲 jiǎng	설명하다	恢复 huīfù	회복되다
一遍 yí biàn	한 번	不错 búcuò	괜찮다
而且 érqiě	게다가	开玩笑 kāi wánxiào	농담을 하다, 장난으로 하다
期末 qīmò	기말	回答 huídá	대답하다
还是 háishi	여전히	同时 tóngshí	동시에
安慰 ānwèi	위로하다		

✳ 포인트 문형

◆ 1 　**好像……** hǎoxiàng……　　아마 ~인 것 같다 (추측을 나타냅니다.)

他好像不认识这个人。

Tā hǎoxiàng bú rènshi zhège rén.

그는 이 사람을 모르는 것 같다.

◆ 2 　**不但……, 而且……** búdàn……, érqiě……　　~뿐만 아니라, ~도 (점층관계 접속사입니다.)

她不但喜欢唱歌, 而且喜欢跳舞。

Tā búdàn xǐhuan chànggē, érqiě xǐhuan tiàowǔ.

그녀는 노래 부르는 것을 좋아할 뿐만 아니라, 춤 추는 것도 좋아한다.

◆ 3 　**还是……** háishi……　　여전히 ~하다

我刚吃完饭, 但我还是有点儿饿。

Wǒ gāng chī wán fàn, dàn wǒ háishi yǒudiǎnr è.

나는 방금 밥을 다 먹었지만, 여전히 조금 배고프다.

✳ Q & A

본문을 읽고 다음 질문에 대답해 보세요.　　　　　Unit 17, 20, 21의 학습 내용을 참고하여 복습해 보세요!

1 　秀妍为什么没去上课?　　_____

2 　秀妍期末考试考得怎么样?　　_____

정답　1. 她感冒了。 / 2. 她考得不错。

10

恋爱 – "只要合得来就行。"

我跟小帅谈论◆1关于◆2恋爱。
Wǒ gēn Xiǎoshuài tánlùn guānyú liàn'ài.

今天小帅说请我吃饭，我们就一起来到了有名的羊肉串饭店。
Jīntiān Xiǎoshuài shuō qǐng wǒ chīfàn, wǒmen jiù yìqǐ lái dào le yǒumíng de yángròuchuàn fàndiàn.

我们一边吃一边聊了起来。
Wǒmen yìbiān chī yìbiān liáo le qǐlái.

聊了我们各自小时候的事情，喜欢的演员，还有大学的事情，
Liáo le wǒmen gèzì xiǎo shíhou de shìqing, xǐhuan de yǎnyuán, háiyǒu dàxué de shìqing,

当然也聊到了关于恋爱。
dāngrán yě liáo dào le guānyú liàn'ài.

小帅说他没谈过恋爱。
Xiǎoshuài shuō tā méi tán guò liàn'ài.

단어

谈论 tánlùn	담론하다, 논의하다	各自 gèzì	각자
关于 guānyú	~에 관한, ~에 대해	小时候 xiǎo shíhou	어릴 때
有名 yǒumíng	유명하다	还有 háiyǒu	그리고, 또한

因为上学的时候，全部时间都用在学习上了，
Yīnwèi shàngxué de shíhou, quánbù shíjiān dōu yòng zài xuéxí shàng le,

所以没有时间谈恋爱。
suǒyǐ méiyǒu shíjiān tán liàn'ài.

我呢，在上高中的时候有过男朋友。
Wǒ ne, zài shàng gāozhōng de shíhou yǒu guò nánpéngyou.

但是考上了大学以后，我们失去了联系。
Dànshì kǎo shàng le dàxué yǐhòu, wǒmen shīqù le liánxì.

小帅问我喜欢什么样的男生，我说喜欢暖男。
Xiǎoshuài wèn wǒ xǐhuan shénmeyàng de nánshēng, wǒ shuō xǐhuan nuǎnnán.

我问小帅想找什么样的女朋友，
Wǒ wèn Xiǎoshuài xiǎng zhǎo shénmeyàng de nǚpéngyou,

他说没有特别想过，只要合得来就行。
tā shuō méiyǒu tèbié xiǎng guò, zhǐyào hédelái jiù xíng.

我们约好将来我们两个人都有恋人的话◆3，四个人一起约会。
Wǒmen yuē hǎo jiānglái wǒmen liǎng ge rén dōu yǒu liànrén dehuà, sì ge rén yìqǐ yuēhuì.

단어

上学 shàngxué 학교 다니다	失去联系 shīqù liánxì 연락이 끊어지다
全部 quánbù 전부의, 모든	男生 nánshēng 남자
用 yòng 쓰다	暖男 nuǎnnán 훈남
高中 gāozhōng 고등학교	合得来 hédelái (마음이) 맞다

✱ 포인트 문형

◆ 1 　**跟……谈论** gēn……tánlùn　～와 이야기하다, ～와 담론하다

他<u>跟</u>爸爸<u>谈论</u>人生。
Tā gēn bàba tánlùn rénshēng.
그는 아버지와 인생에 대해 이야기한다.

◆ 2 　**关于……** guānyú……　～에 관하여, ～에 대해

他告诉了我<u>关于</u>昨天的事。
Tā gàosu le wǒ guānyú zuótiān de shì.
그는 나에게 어제 일에 대해 알려 주었다.

◆ 3 　**……的话** ……dehuà　～이면, ～하다면 (가정 표현입니다.)

明天下雨<u>的话</u>，我不去学校。
Míngtiān xiàyǔ dehuà, wǒ bú qù xuéxiào.
내일 비가 오면, 나는 학교에 가지 않을 것이다.

✱ Q&A

본문을 읽고 다음 질문에 대답해 보세요.　　　　　　　　　　　　　Unit 18의 학습 내용을 참고하여 복습해 보세요!

1　小帅谈过恋爱吗？　＿＿＿＿＿＿＿＿＿＿＿＿＿＿＿＿＿

2　秀妍想找什么样的男朋友？　＿＿＿＿＿＿＿＿＿＿＿＿＿＿

정답　1. 他没谈过恋爱。 ／ 2. 她想找暖男。

✱

01

자기소개 - "저는 김수연이라고 해요."

제가 간단히 제 소개를 할게요.

안녕하세요. 저는 김수연이라고 해요. 올해 21살 말띠이고, 한국인이에요. 저희 집은 모두 네 식구예요. 아빠, 엄마, 오빠 그리고 저입니다. 아빠는 회사원이고, 엄마는 초등학교 선생님이며, 오빠는 지금 구직 중입니다.

저는 지금 대학교 2학년에 다니고 있고, 중국어를 전공합니다. 중국어를 잘 배우기 위해 베이징에 와서 공부하며 생활하고 있어요. 저는 여기서 두 명의 좋은 친구들을 알게 되었어요. 샤오슈아이와 서영이에요. 샤오슈아이는 중국인이고, 그는 한국어를 배웁니다. 서영이는 한국인이고, 그녀는 저와 마찬가지로 중국어를 배웁니다. 저는 이들과 즐거운 베이징 생활을 보내고 싶어요.

✱

02

음식 주문 - "우리는 가장 잘 하는 요리를 시켰어요."

저, 서영이, 그리고 샤오슈아이는 오랜만에 만나 식사하러 갑니다.

이번 방학이 마침내 끝났습니다. 저는 샤오슈아이와 중국 식당에 가서 함께 식사하기로 약속했어요. 그 식당은 학교에서 그리 멀지 않습니다. 우리는 식당으로 가는 길에 서영이를 만나 함께 가게 되었어요. 식당에 도착하여 우리는 모두 배가 고파서 (식당의) 대표 요리 몇 가지와 음료수 3잔을 주문했습니다. 잠시 후에 음식이 모두 나왔습니다. 우리는 식사를 하며 각자 방학 때 있었던 일을 얘기했어요. 우리가 시킨 요리는 모두 너무 맛있고 식당의 서비스도 무척 만족스러웠습니다. 우리는 다음에 다시 오자고 약속했습니다.

✱

03

취미 - "저는 영화 보는 것을 좋아해요."

저와 샤오슈아이는 취미에 대해 이야기합니다.

어제 저는 샤오슈아이와 우리의 취미에 대해 이야기를 나누었습니다. 샤오슈아이는 운동, 독서, 그리고 여행을 좋아한다고 했어요. 특히 독서는 시간이 날 때마다 도서관이나 서점에 간다고 했어요. 그가 가장 좋아하는 장르는 만화책과 SF소설이라고 해요. 저는 영화 보는 것과 음악 듣는 것을 좋아합니다. 중국에 온 이후로, 주말에 저는 친구들과 자주 영화를 보러 가요. 저는 많은 중국 영화를 보았고, 모두 재미있었습니다. 저는 평소에 음악을 듣는 것도 좋아해요. 산책할 때, 운동할 때, 커피를 마실 때 모두 음악을 듣습니다.

✱

04

약속 - "내일 학교 앞에서 만나요."

저는 교내 카페에서 공부할 때 서영이를 만났습니다.

오늘 오전에 수업이 두 시간 밖에 없어서 그리 바쁘지 않았어요. 오전 10시에 수업해서 12시면 수업이 끝납니다. 수업이 끝난 뒤, 저는 학교 카페에 가서 공부했어요.

책을 보고 있는데 서영이를 만났습니다. 우리는 잠시 이야기를 나누었고, 서영이는 저에게 이번 주 토요일에 시간이 있는지 물었습니다. 저와 함께 쇼핑하러 가고 싶다고 했어요. 마침 저도 새로 나온 스마트폰을 보러 가고 싶었습니다. 왜냐하면 지금 휴대폰은 너무 오래 사용해서 배터리가 자주 닳기 때문입니다. 그래서 새 것으로 하나 바꾸고 싶었어요.

이렇게 해서 우리는 내일 학교 앞에서 만난 뒤 함께 시단으로 쇼핑을 가기로 했어요. 듣기로는 시단이 '젊은이들의 쇼핑 천국'이라고 합니다.

05

쇼핑 - "그녀는 운동화 한 켤레를 샀어요."

저는 서영이와 함께 시단에 가서 쇼핑을 했습니다.

토요일 오후에 저는 학교 앞에서 서영이를 만났습니다. 우리는 시단에 어떻게 가는지 몰라서, 한 중국 학생에게 길을 물었습니다. 그는 직진해서 길을 건너면 버스 정류장을 볼 수 있고, 303번 버스를 타고 40분이면 도착한다고 말했어요.

우리는 버스를 타고 시단에 도착한 후, 먼저 쇼핑센터 3층에 있는 스포츠 용품 매장에 갔습니다. 서영이는 300위안을 주고 운동화를 하나 샀어요.

이어서 우리는 5층에 있는 전자제품 매장에 갔습니다. 거기서 최신형 스마트폰을 보았고, 종류가 너무 많아 어떤 것을 사야 할지 고민됐어요. 그래서 저는 다시 생각해보고, 다음에 사기로 결정했습니다.

마지막으로 우리는 7층에 있는 식당가에 갔습니다. 거기에는 여러 가지 맛있는 음식이 있었어요. 우리는 (우리가) 가장 좋아하는 중국 음식—훠궈를 선택했습니다.

✳

06

계절 - "베이징은 겨울에 매우 추워요."

베이징과 서울의 날씨와 계절을 비교해 봅니다.

겨울이에요. 날씨가 점점 추워집니다. 베이징과 서울의 겨울은 매우 춥고, 바람도 매우 셉니다. 눈 내리는 날은 반드시 두꺼운 옷을 입고, 장갑과 목도리, 그리고 모자를 써야 합니다.

봄이 되면, 베이징과 서울 모두 날씨가 따뜻해지고, 알록달록한 꽃이 핍니다. 그러나 동시에 황사도 날아옵니다.

여름에는 베이징과 서울의 기온이 비슷합니다. 그러나 체감상 베이징의 태양이 사람들과 가까워 더욱 덥게 느껴집니다. 서울은 이정도까지의 느낌은 들지 않습니다. 서울은 여름에 장마철이 있어서 이 시기가 되면 오랜 시간 동안 비가 내리고, 매우 습합니다. 반대로 베이징은 여름에 장마가 없어서 그렇게

습하지 않습니다.

저는 가을이 이 두 도시의 가장 좋은 계절이라고 생각합니다. 날씨는 춥지도 않고 덥지도 않으며, 여행하기에 매우 적합합니다. 저는 한국에 있는 제 가족과 친구들이 와서 베이징의 가을을 한번 보았으면 합니다.

✳

07

취업 - "오빠는 구직 중이에요."

저의 오빠는 구직 중이라 스트레스가 많습니다.

오빠의 생일은 5월 8일, 토요일입니다. 저는 그에게 생일 선물을 하나 주고 싶습니다. 지난번에 서영이와 함께 시단에 쇼핑하러 갔을 때, 새로운 무선 이어폰을 봤는데, 아주 실용적이어서 오빠가 좋아할 것 같았어요. 오빠가 무선 이어폰을 끼고 좋아하는 노래를 들으며, 스트레스를 좀 풀었으면 좋겠습니다.

오빠는 대학을 졸업한 후, 줄곧 구직을 하고 있어서 스트레스가 매우 큽니다. 그는 대학 다닐 때, 호텔 경영을 전공하였습니다. 그는 글로벌 고급 호텔에서 일하고 싶어 합니다. 호텔에서 일하기 위해서는 영어를 잘해야 합니다. 그래서 오빠는 지금 영어공부를 열심히 하고 있습니다.

어렸을 때부터 아버지는 우리에게 항상 자신이 좋아하는 직업을 선택해야 일하기 힘들지 않다고 말씀하셨습니다. 아버지는 오빠가 구직하는 과정에서 도움이 되는 조언을 많이 해 주셨습니다. 저는 오빠가 반드시 좋은 곳에 취업할 것이라고 믿습니다.

✳

08

여행 - "그들은 지금 발리 여행 중이에요."

저의 부모님은 지금 발리 여행 중입니다.

어제 부모님께 전화를 했을 때, 그들은 서울에 있지 않고 발리에 있었습니다. 알고 보니 며칠 전이 그들의 결혼 기념일이어서 발리 여행을 가기로 결정한 것입니다.

그들은 7시간 동안 비행기를 타고 발리에 도착한 후, 렌터카를 빌렸습니다. 차를 몰고 호텔로 가는 길에, 잠시 길을 잃기도 하고, 엄마가 실수로 차를 부딪쳐서 조금 망가졌지만 큰 문제는 없었습니다. 그들은 다행히 호텔에 무사히 도착했습니다.

그들은 발리에서 맛있는 음식도 먹고, 수영도 하고, 쇼핑도 할 계획이라고 했습니다. 그들은 발리는 매우 아름다운 곳이라고 말했고, 발리에서 찍은 사진을 보내주었습니다. 해변 사진을 보니 저도 당장 발리에 여행 가서 아름다운 바다를 보고 싶어졌습니다.

＊

09

건강 - "저는 감기에 걸린 것 같아요."

저는 감기에 걸렸습니다.

저는 오늘 수업에 가지 않았습니다. 머리가 조금 아프고 열이 나는 것이 아마 감기에 걸린 것 같았어요. 서영이는 제가 몸이 안 좋다는 것을 알고, 그녀는 감기약과 과일을 사 들고 저를 보러 왔습니다.

서영이는 저희 집에서 오후 내내 저와 함께 있었고, 오늘 수업한 내용을 알려주었을 뿐만 아니라, 기말고사 복습도 도와주었습니다. 그러나 저는 여전히 다음주 기말고사가 매우 걱정되었습니다. 서영이는 저에게 평소에 열심히 공부하였기에 기말고사는 문제없을 것이라며 위로해 주었습니다. 서영이의 위로와 격려로 저의 마음이 한결 나아졌습니다.

월요일에 몸이 회복되어, 학교에 가서 기말고사를 봤습니다. 시험이 끝난 뒤, 서영이는 저에게 시험을 어떻게 봤냐고 물었습니다. 저는 시험을 잘 본 것 같다고 말했습니다. 서영이는 농담으로 "너는 항상 다른 사람보다 시험을 잘 보잖아."라고 말했고, 저도 농담으로 "왜냐하면 나는 천재니까!"라고 대답했습니다. 우리는 동시에 크게 웃었습니다.

＊

10

연애 - "마음만 맞으면 돼요."

저는 샤오슈아이와 연애에 대해 이야기합니다.

오늘은 샤오슈아이가 밥을 사기로 해서, 우리는 함께 유명한 양꼬치 집에 왔습니다. 우리는 먹으면서 이야기를 나누었습니다. 각자의 어렸을 때 이야기, 좋아하는 연예인 그리고 대학교에 대한 이야기를 하였고, 당연히 연애에 대해서도 이야기를 나누게 되었습니다.

샤오슈아이는 연애를 해본 적이 없다고 했습니다. 학교 다닐 때 모든 시간을 공부에 써서 연애할 시간이 없었기 때문이라고 했습니다. 저는 고등학교 때 남자친구가 있었습니다. 하지만 고등학교를 졸업하고 대학에 진학하면서 우리는 연락이 끊기게 되었습니다.

샤오슈아이는 저에게 어떤 남자를 좋아하냐고 물었고, 저는 훈남이 좋다고 하였습니다. 저는 샤오슈아이에게 어떤 여자친구를 찾고 싶은지 물었고, 그는 특별히 생각해 본 적이 없고, 그저 마음이 맞기만 하면 된다고 말했습니다. 나중에 우리 둘 다 애인이 생기면 더블 데이트를 하자고 약속했습니다.